U0594403

中考热点作家

深度还原考场真题，感受语文阅读题的 魅力
一书在手，阅读写作都不愁

阳光切
入麦穗

张行健／著

中国出版集团有限公司

世界图书出版公司
上海　西安　北京　广州

图书在版编目（CIP）数据

阳光切入麦穗 / 张行健著 . — 上海：上海世界图书出版公司 , 2024.4

（中考热点作家 / 李继勇主编）

ISBN 978-7-5232-1099-4

Ⅰ . ①阳… Ⅱ . ①张… Ⅲ . ①阅读课—中学—教学参考资料 Ⅳ . ① G634.333

中国国家版本馆 CIP 数据核字（2024）第 043845 号

书　　名	阳光切入麦穗
	Yangguang Qieru Maisui
著　　者	张行健
责任编辑	石佳达
出版发行	上海世界图书出版公司
地　　址	上海市广中路 88 号 9-10 楼
邮　　编	200083
网　　址	http://www.wpcsh.com
经　　销	新华书店
印　　刷	天津市天玺印务有限公司
开　　本	700mm×1000mm　1/16
印　　张	14
字　　数	174 千字
版　　次	2024 年 4 月第 1 版　　2024 年 4 月第 1 次印刷
书　　号	ISBN 978-7-5232-1099-4/G・855
定　　价	39.80 元

版权所有　翻印必究

如发现印装质量问题，请与印刷厂联系

（质检科电话：022-82638777）

前　言

随着语文考试内容的改革，阅读的重要性逐渐凸显出来。近年来阅读题的比重在中考考试中不断加大，阅读内容也越来越丰富，天文、地理、历史、科技等均有涉及；同时，体裁呈现多样化，涵盖散文、戏剧、小说、新闻等。文章涵盖面越来越广，意味着对学生阅读能力的要求越来越高。所以我们应该清晰地认识到，阅读能力的高低直接影响分数，如果阅读能力不过关，那么考试成绩肯定不会理想。

"读不懂的文章，做不完的题"一直是中学生面临的难点和困境。这就要求学生不能停留在过去的刷刷考卷、做做练习题，或是阅读一两本课外书的阶段，而是要最大限度地提升阅读能力，理解文章作者和出题人的意图，只有让学生进行大量有针对性的阅读，才是最切实有效的方法。

语文知识体系的构建和语文素质的养成，既需要重视课堂学习，又需要重视课外积累。那课外积累应该怎么做呢？高质量的课外阅读是非常有效的，这已经成为提升学生"综合竞争力"的有效手段。因此，我们策划出版了"中考热点作家"课外阅读丛书，为广大中学生提供优质的课外读物。

这套系列丛书共 10 册，每册收录一位作者的作品，选取了该作者入选省级以上中考语文试卷、模拟卷阅读题的经典作品，以及该作者未入选但适合中学生阅读的作品，帮助学生扩大阅读面，对标中考。书中对每篇文章进行了赏析、点评和设题，能够助力学生阅读，有利于提升学生的文学素养、答题能力和答题速度。

本系列丛书收集了在国内中考语文试卷阅读题中经常出现的 10 位"热点作家"杜卫东、蒋建伟、刘成章、彭程、秦岭、沈俊峰、王若冰、杨文丰、张庆和、张行健的优秀作品。这些"热点作家"入选中考语文试卷阅读题的作品多以散文为主，他们的作品风格多样，内容丰富，但都具有很高的文学价值和浓郁的时代气息。这些作品不仅对中学生阅读鉴赏能力和写作水平的提升有促进作用，还对中学生的生活和学习具有启迪和指导意义，我们相信这套丛书会受到广大师生的喜爱和欢迎。

新中考背景下的语文学习，阅读要放在首要位置。事实上，今后的中考所有学科都会体现对语文水平的考查。不仅是语文试卷增加了阅读题的分量，其他学科也越来越注重对学生阅读理解能力的考查。提升阅读能力是一项任重道远的工作，重在培养兴趣，难在积累，贵在坚持。只要持之以恒，一定会有意想不到的收获。

目录
CONTENTS

第三辑　阳光切入麦穗

第四辑　旷古磬声

第一辑 青铜的光泽

从那时起，晋国新田的陶范与青铜上，人们可从那一个个撼动人心的造型上看到它们坚实的华夏传统艺术的基调，但又从它们的形态和气质上不难洞悉浓郁的草原风情和朔方特质。当然，还有来自遥远的异域他国的文化质地和陌生而新奇的外来元素。

【2022—2023 学年江苏省盐城市鹿鸣路中学九年级（上）期中语文试卷】

阅读文学类文本，并完成题目。（19分）

青铜的光泽

①青铜铸造师张老健正迈动他细长而苍老的两条寒腿，从一派繁华的新田市走出来，走向他劳作了几十年的铸铜作坊。一丝不易察觉的笑意和此时日头的光亮，一起涂抹在他青铜一样的老脸上。

②张老健在同他儿子张小健一样年轻的时候，是这个大作坊的搬运工，也是吃苦最多，酬劳最少的一族。张老健心细，他是那种边干边观察边琢磨的有心人。一具具一架架陶范上的精美花纹和各类造型魅惑了他的双目，又一次次触动他年轻的心。早在西周中期就消亡了的饕餮、夔龙、践蛇、啖蛇、凤鸟这一系列神话动物，又神奇地出现在陶范上，那是多么激动人心的造型又摄人魂魄的图案呀！它们一只只，一个个，一条条，一头头，暴怒不已，张牙舞爪，

瞋目裂眦，活灵活现；它们腾跃的身躯，舞动的翎羽，闪亮的利齿，铿锵的利爪，暴烈的双目，伸探的巨舌，形成一股股惊天动地气吞河山的大气势……这一切，都让心细的年轻时的张老健铭记于心并慢慢思忖。他知道，这是一位名叫辛老田的老师傅的杰作。

③天佑勤勉，天佑有心者。年轻的张老健从作坊的搬运石土、搬运木炭、干些粗笨活儿的毛头小子，到了搬运陶范搬运铸好铜器的小工子，又到跟了师傅辛老田打下手的小学徒，再到与师傅一起绘制图艺设计造型的二把式，张老健是在作坊的天地里一步一步走过来的，他与他的师弟高老德、郭老林、董老民、韩老峰一样，靠着几十年如一日的勤恳和踏实，思谋与创新，赢得了这千十号铸铜人的信任和敬钦，赢得了这个高端行当的声誉和威望。

④一个秋雨绵缠的日子，铸铜巨匠辛老田带着遗憾死去了。作为大弟子的张老健责无旁贷地接过了师傅手中的那根铜杵，挑起恩师刚刚放下的担子。他心里清楚，他是踩着一代巨匠的肩膀上的，他必须得有恩师更高更远的企求和作为。在征得多方特别是分管上峰的同意之后，他们分作两路进行了一次较大规模的出访与采风。

⑤一路由张老健带队，率工匠艺人50余人朝北而上，途经如今的太原、大同、河北南部，再朝广阔的朔方草原挺进；另一路由高老德、董老民带队，途经如今的河南北部和陕西一角再抵达秦国……在晋国新田铸铜作坊则由郭老林、韩老峰等名匠留守，深入钻研母范，还有芯的不同的原料构成和设计形态。

⑥这在当时是两项绝对英明的举措，其一是开阔名匠的艺术视

野，在他们的艺术意识里来一次巨大的变革和拓展，尽可能多地同晋地之边缘和晋地之外的民俗风习所交融和对话；其二是在原有基础上进行必要的技术改造和技术革新，对模与范包括其后的活范的各类形制的化整为零和化零为整，做出大量试验比对，以使进入浇铸状态的效果能不断改进……

⑦从那时起，晋国新田的陶范与青铜上，人们可从那一个个撼动人心的造型上看到它们坚实的华夏传统艺术的基调，但又从它们的形态和气质上不难洞悉浓郁的草原风情和朔方特质。当然，还有来自遥远的异域他国的文化质地和陌生而新奇的外来元素。又一代巨匠在张老健的带动下，在处理不同类型的作品和题材时，形象之传神鲜活，而技法又变化多样，已形成了新田匠人们新一轮的古朴大气、苍莽开阔、浪漫神游、想象瑰丽、秀丽写意、浑然天成的审美风范。

⑧而在务实的郭老林和韩老峰的精心研制与践行下，青铜铸造的生产程序又规格化、高效化、明细化、精确化。芯，通常是不施纹理的，这是近百年来制作的传统。但他们这一代匠人居然也要在芯上拓宽思路，如鱼蛙纹模，这是用于铜器内壁的花纹模，便有了双重身份，这是晋国新田铜器的独有特色。

⑨张老健步入这片他再熟悉不过的作坊土地，便颇觉自己沉重如铅的双腿立时轻快了起来。忽然，透过一个小小窗口他看到某一作坊里面一个熟悉的身影上，哦，那是他唯一的儿子张小健，一个内向的小青年。他已拜韩老峰为师傅，此时正在设计纹饰。儿子心

细内秀，有耐性有定力，难得的是他十分爱好这个行当，并且精力充沛，他最适合干这个专业！他是新田青铜铸造的第三代匠人了。张老健悄无声息地从那一方窗口走过，他没敢打扰儿子。他还要召集他的几个师弟，再细细商讨如何在以后的青铜艺术品的创造中进一步突出新一轮的写实理念的勃发，因为他看出人们在又一个时段的审美需求和生活需要了。

⑩张老健思忖着，缓缓走过一个个作坊，青铜铸炉的一千多度的高温远远便烤热了他未曾苍老的心，他的脸，因了远处铸炉的闪亮而泛了一层青铜的光泽。

（有删改）

1.通读全文，概括包括张老健在内的第二代匠人们，为青铜铸造的发展做出的努力。（3分）

＿＿＿＿＿＿＿＿＿＿＿＿＿＿＿＿＿＿＿＿＿＿＿＿＿＿＿＿＿＿＿

＿＿＿＿＿＿＿＿＿＿＿＿＿＿＿＿＿＿＿＿＿＿＿＿＿＿＿＿＿＿＿

2.结合语境，按要求赏析第②段画线句。（4分）

它们一只只，一个个，一条条，一头头，暴怒不已，张牙舞爪，瞋目裂眦，活灵活现；它们腾跃的身躯，舞动的翎羽，闪亮的利齿，铿锵的利爪，暴烈的双目，伸探的巨舌，形成一股股惊天动地气吞河山的大气势……（从词语运用的角度赏析）

＿＿＿＿＿＿＿＿＿＿＿＿＿＿＿＿＿＿＿＿＿＿＿＿＿＿＿＿＿＿＿

＿＿＿＿＿＿＿＿＿＿＿＿＿＿＿＿＿＿＿＿＿＿＿＿＿＿＿＿＿＿＿

3.文中的张老健是怎样一个人？请结合具体内容加以分析。（6分）

_____

_____

_____

4.小鹿认为文章标题改为"匠人张老健"好，小鸣则认为原标题"青铜的光泽"更好。你赞同谁的看法？为什么？（6分）

_____

_____

_____

_____

难忘李家坡

名师导读 ▶

　　文章以"难忘李家坡"为题，直接表达了作者对李家坡生活时光的怀念之情，为文章奠定了感情基调，然后将自己年轻时去李家坡当代教的经历娓娓道来，最后作者指出这段经历对自己写作也起到了促进作用，为自己提供了很多写作的灵感，突出了李家坡生活经历的非凡意义和作者对这段日子深深的怀念之情。

①去李家坡当代教那年，我十七岁。

十分简单的铺盖卷儿放在背上，原本是不重的，因了不停地爬坡，又是非常陡峭的羊肠山路，汗水就滋滋地蹿出来，洇湿了薄薄的棉衣。父亲要替换着背，

❶ 开篇交代人物、时间、地点和事件等要素，便于读者把握文章主要内容。

我执意不肯，看着他那张不到四十多岁便布满沧桑意味的脸，我的心里一阵酸楚。前前后后几个月，父亲为我联系这个代理教员的差事，真能把腿跑断。现在，一切都说妥当，他又要送我到陌生的李家坡小学，为了儿子，父亲操碎心了。

陡坡爬到尽头，便是非常辽阔的塬，在塬上又走了好大的时辰，才到中心校所在地曹家庄。曹尔义校长已在校门口迎候，远远的，他硕大却富有特点的嘴巴早已圆圆地张开，放出一串厚道而热情的笑来，嗬儿嗬儿的，伸出白白净净的手同父亲握着，摇着；再和我握，我觉得曹校长的两只手绵软而温热，心里便注满了别样的情绪。

"才十七岁嘛，就这么高的个头，张老师，你的接班人起来咧！"① 曹校长笑着对父亲说过，细长的眼睛打量我一阵，看得我脸子发热。

❶ "脸子发热"的感受说明曹校长打量"我"时，"我"紧张害羞的心理，体现了"我"年轻时羞涩的性格特点。

午饭是在曹家庄中心校吃的。记得是十分可口的雪白馒头和有着不少猪肉片子的炒白菜。许是走得饿了，许是饭菜的香美，我吃得有些无所顾忌，且发出进食愉悦的响声。父亲对我一次次使眼色皱眉头我都视而不见。多年后我四处奔波，生活发生了很大变化也的确吃过不少美味佳肴，但曹家庄学校的那顿便饭一直让我回味无穷。

饭后曹校长引我们父子朝李家坡走去。依旧是浑黄空旷的塬，四周是逶迤的山和一道道荒凉的沟。天慢慢阴下来，一些似云似雾的山岚把土塬罩在巨大的压抑里。

①暮色来临时，塬面开始倾斜，一条蛇样小路倏然在眼前扭动。陡陡地下了一道长坡，猛地转一个大弯儿，眼前苍凉的崖面上，高高低低错落着十余眼破旧的土窑。

❶ 化静为动，把原本静止的小路，写得动了起来，突出了小路曲折陡峭的特点。

"到咧，这就是李家坡，靠西头的那两孔小土窑就是学校。条件是艰苦一些，不过这里的人都挺好处的，很厚道的。"曹校长吐一口白气，对我们父子说，口气带有安慰的意思。

②我的心一沉，想不到李家坡深嵌在这大荒山野岭的皱褶里，从今往后，我就要在这里生活了。同贫管会王老汉交涉一番后，算是把我安顿下来了。曹校长因有事，踏着苍茫夜色去了西圪瘩村，我和父亲就在学校的小土窑里过了第一个夜晚。

❷ 这里写李家坡深深地嵌入荒山野岭的山谷，突出了李家坡的偏僻、荒凉和恶劣的自然环境，为下文写李家坡的贫困做铺垫。

天一亮父亲便匆匆起来，嘱咐我几句，就返往他教书的县城中学。我那时只觉得自己像一块土疙瘩，被随意地抛在这陌生的李家坡了。

父亲前脚刚走，娃子们就三三两两来了，大大小小的，小土院里就站了十八九个。除了李家坡本村的，还有另两个小村西圪瘩和庄上村的。③学校是复式班，

❸ 强调学校是复式班，所有年级的学生都在一个班上课，突出了这里教学条件极差和教学任务复杂的情况。

从一年级到五年级，均在一个窑洞里上课，这些，曹校长早有所交代。对着一群球球蛋蛋穿戴破烂却十分听话的山里娃娃，我不由得笑了。想着自己本来是一个大娃娃，一夜间摇身一变就被人称作老师了，想着就嘀儿地发出笑声来，笑得娃子们莫名其妙的。

我说："今儿是开学第一天，一会儿要打扫学校的。咱先按大小个头排好队，唱几首歌再说吧，唱啥歌呢？"娃子们七嘴八舌说出许多歌名，我想一想，说，"就唱《叛徒林彪》吧，这歌子有些力量。"

由一女生起头儿，娃子们齐齐地拉长了音调儿，伸长了脖颈，小鸭子一般唱起来：

❶ 引用歌谣的歌词，具有时代特征，增强了文章内容的真实性，与此同时，简单的歌词也突出了山里孩子的单纯可爱。

① 叛徒林彪，孔老二，
都是坏东西——
嘴上讲仁义
鼓吹克己复礼
一心想复辟——
……

很嘹亮很悠长也很荒诞的歌子回荡在一九七五年早春二月的山坳里，李家坡因了这歌声才有了一些生气。我注意到好几家的婆娘借出院子抱柴禾或上茅房的机会，朝学校的院子里探头探脑，一副稀奇神往的样子；久闲的牛们驴们也被这歌儿引得条件反射，呜——哇哞哞地长呼短叫，释放内心难耐的孤独。

听贫管会王老汉说，我的办公兼住人的小土窑和娃子们上课的教室窑分别是由生产队的小驴圈和大羊圈改造而成，村里，立时还打不起两孔新土窑的。①我才注意到，小土窑齐腰的土壁一片光滑，原来是作驴圈时，驴子们蹭痒痒摩擦而成的，凑过去细瞅，见土壁上沾了许多长长短短粗粗细细的驴毛儿，嗅一嗅，一股异样味道在鼻腔里弥漫；再看我做饭的小灶台，原来也是昔日的驴槽子改装了一下。一时间对驴子有了别样的好感。在以后的无数个夜晚里，备课或看书累了，嗅一嗅土壁上驴毛特有的我早已熟悉了的怪味儿，想到这里曾圈着的那一头或几头驴子的每日辛苦的劳作，便感到自己算是在福中了，一丝宽慰竟悄悄地滋润了十七岁的心田。②在以后阴沉的天气或春雨连绵的日子里，心情郁闷或被某种莫名的孤独困扰着的时候，忽想到这里曾圈着的驴子怎样地忍受着同样的孤独承受着十倍于我的凄苦，我便把孤独看作了一种独享的风景。

教室窑是羊圈改成，明眼人一看便知。首先是窑顶那一处露天的气眼，天热时是给羊圈通气用的。作

❶ 对小土窑齐腰高的土壁进行细节描写，并且解说其光滑的原因，让读者忍俊不禁的同时，又深刻地感受到了李家坡当时贫穷的情况，从中可以看到"我"乐观积极的精神状态。

❷ 这句话的意思是在以后的日子里，每当自己遇到困难、挫折的时候，就会想到这里曾经圈养的驴儿比自己过得更艰难，但依旧能够克服艰难生存下去，于是自己也就有了克服困难的勇气。可见作者把住在小土窑的经历转化为了精神动力，体现了作者积极乐观，不怕困难的精神品质。

为李家坡学校的教员，我没有把那气眼堵死，春日弄了一捆山柴堵于其上，我想，到了夏天，我给娃娃们在里面上课，闷热时可搬掉柴捆让通风流气享受一下凉爽的。

五级复式课特别麻烦，要上好自有一套十分科学的方法，我却粗粗糙糙把本应细腻的方法弄得简单化了。给四、五年级上课时，一、二、三年级默默写作业；给一、二、三年级讲课时，四、五年级写作业。体育、音乐是一块上的。我用山桃木棍子做了许多简陋的体育器材，木马、跳高架和赛跑的接力棒……娃子们自然十分新奇，课前课后的小土院里便有了非常热闹的嬉耍声。

① 桌凳是不够的。我和大些的孩子们下到深沟里，挑选打制出一些光滑的浅红色的石板，背上来，垒一些石头抹一层泥巴，把石板平平地铺上去，就成了简易结实的课桌。贫管会王老汉说："这样好哇，给村里节约了开支，也解决了学校的困难，还是年轻人办法多。"

每日上课前后，我都发现距学校土院不远处蹲着一团黑乎乎的东西，细看，见有一张已不幼稚的大孩子的脸安在那一件破皮烂片的衣裳上面，扶他起来，见他站不大稳，走路慢慢挪着已是十分的吃力了。原来他两腿细如麻秆，才知幼时患过小儿麻痹的，说话

❶ 想办法解决学校桌凳不够的事，突出了"我"聪明能干，勤劳简朴的形象特点。

也不大清楚，且有一条白白的口水藕断丝连地吊在歪歪的嘴角。娃子名叫大孬，已十五岁了，很想上学，脑子也清楚够用，只是以前的几任教员嫌他脏，嫌他残疾，就没收他上学。大孬每日慢慢地从家里移出来，挪到一处固定的土坡的位置，远远看着盯着抛弃了他的学校……听大孬呜呜哇哇说完，我嘀儿嘀儿一笑，说："这好办，我是新来的老师，我接收你这个学生。"说罢蹲下身子就把大孬背起来，朝学校走去。① 十五岁的大孬只小我两岁，体重却仅有四五十斤，背在背上，像背着几根干硬的柴禾。

自此大孬就成了李家坡小学的正式学生。上学时，由他弟弟二孬扶着；放学时，我索性天天背他回家。大孬在我背上挺不好意思，又没法表达他的感激，嘟嘟哝哝说半天什么我也听不清楚，只觉后背上被他源源不断的口水浸得一片湿润。

因了我无意识的一个小小行动，大孬的家人对我是特别感激了，李家坡的百姓们对我是分外地敬重了。无论男女老幼，见了我，先远远地笑出一张真诚的脸，再唤一声："老师——"声音卑谦且含有敬意，② 我惶惶然受宠若惊，不知该先问候对方还是先应答一声，额上便欢快紧张得渗出一排密集的汗珠。从那会儿起，常有娃子们或婆娘家给我送菜送炒面。正是春里，菜缺，

❶ 运用比喻的修辞手法，把大孬比作干硬的柴禾，生动形象地写出了这个孩子又瘦又轻的身体状况，体现了作者对他的悲悯情怀。

❷ 描写"我"受到乡亲们的敬重时的心理活动，体现了"我"激动、惊喜和紧张的复杂心情，增强了文章的真实性和感染力。

十几颗个大皮红的山药蛋，一把根白叶绿的大葱或一把鲜嫩的韭菜常常放在我的小窑里……想着在此之前我在老家平川里，因了家庭出身不好处处受人歧视欺负，团员是不让当的，高中是不让读的，驴子一般低着头，让政治的鞭子抽打着，早早在田土里劳作……想想现在，居然受人尊重起来，一颗小青年的心域里便感慨着生活给予我的厚爱。

单人校的日子亦苦亦乐。吃水，我须到深长的沟底去挑，一担水，一个多时辰；烧柴，我须到坡坡峁峁上去砍，一捆柴，一个整天；不会做饭的我就胡乱做着，只要生的烧成熟的就行咧……<u>①深夜，窑外深沟里山风呼呼如大海恐怖的喧啸，风停下来，狼和其他野兽的吼叫阴森吓人，有时叫声忽然从附近炸起，饿狼多次在窑外小土院里沉思和徘徊</u>……单薄破旧的小木门我关得牢牢的，还要在里面顶一根山桃木棍子。每晚睡前我都把上下课所吹的哨子放于枕边，一旦野狼逼近窗口我会猛吹一阵尖亮的哨子的……

欢乐的时候时常在傍晚。山里人家大都养着狗儿的，看家，也负责接送本家的娃子，通人性的狗儿们是极听话的。日头在西山欲坠不坠时，便有西圪瘩、庄上村的狗儿们从夕阳晚照里跑来，黑、白、黄、花各色不等，在学校的小土院里或院子边上等候着娃子

❶ 环境描写营造了紧张的气氛，烘托了"我"住在小土窑时夜晚担心、紧张的心情，说明这段经历给"我"留下了深刻的印象，同时也让文章内容更加扣人心弦。

们的散学，娃子们一出教室，小土院里便热闹到了极点。① 狗儿寻着自己的小主人，小主人找着自家的狗儿，狗儿与娃子们便亲热成一团儿，把欢愉尽情地释放出来……娃娃的嬉笑和狗儿撒娇的哼叫被一条条卷曲着的尾巴无所顾忌地张扬开来……片刻，狗儿和娃子们四散而去，嗷嗷的欢叫和嬉笑声随着一缕缕腾起的黄尘，弥漫在夕阳的橘红里……

剩我一人熬度黄昏后的寂寞，草草地拾掇一点饭菜，就燃起油灯备备课，或看父亲给我找来的小说，《少年漂泊者》《静静的顿河》，还有郁达夫的一些作品……看累了，出得小窑，看天幕和遥远的山峦相连接，有几颗勤恳的星星，早在一片深邃纯净里点缀，辨得出几缕青烟在袅袅地朝夜幕里扭去，那是山那边的人家迟来的晚炊吧……我在小土院里来回走动，看天，看地，看远处无边无际浑厚起伏的山脉……几步远的土院前面，是深幽的沟涧，无聊时便解开裤带，朝沟下放一泡尿水，尿柱如细长的瀑布，长长地挂下去，碰巧沟底有一枚半枚青石，激溅出清脆碎响，哗哗地排除了一些寂寞……

春日朝浓郁里走去。田野里的庄禾和山坡上的野草丛丛地泛绿了。② 我惊异地发现，我的鼻下唇上也悄悄蹿出一层层黑黑的短胡茬，同时小解时不止一次

❶ 运用场景描写的方式，写狗儿们来接自家小主人们放学的场景，描绘了农村孩子与狗儿们和谐相处的画面，体现了李家坡人的纯朴与善良。

❷ 对短胡茬、小腹下的毛两个细节进行描写，突出了"我"身体的变化，有力地说明"我"渐渐变成熟了。

地注意到，原本十分光洁的小腹地带也野草一般长出一团粗硬的毛来。我先是惊怕一阵，等释然下来才觉醒，我的青春岁月就在这荒凉的李家坡起步了，我的教书生涯也从此拉开它富有特色的帷幕。

多年后我告别了教书的日子从事了其他工作，但短暂的李家坡生活一直让我回味再三，李家坡让我魂牵梦萦。① 我的中篇小说《九月坟草》《教书日子》《那年在李家坡》，就是从不同角度涉及李家坡那段生活的，将近二十年后的 1994 年秋天，我的小说《山校》获得了《山西文学》五年一度的小说大奖。座谈会上让我谈一些创作随想时，我突然语塞了，说什么好呢？没有李家坡的日子，就没有小说《山校》，而李家坡的那段生活是平淡琐碎的。它平淡却纯净如水，琐碎却富于质朴的美。在社会转型期的今天，20 世纪末的色彩涂抹着每个人，情绪浮躁，人心不古，同许多人一样，我感到生活得太累，太浮。在忙完杂事的许多个静夜里，我常常想起李家坡和在李家坡的那段日子……假如我是一个虔诚的基督信徒的话，那李家坡就是我日夜朝圣的心灵的教堂，在这个真实可触的教堂里，我祈祷主赐给我一份恬静纯美的心态，祈求圣父赐给我小伯利恒一样圣洁的大境界……

② 难以忘怀的李家坡，难以忘怀的李家坡乡亲，

❶ 交代自己所写的多部作品都受到了李家坡生活经历的影响，突出作品与生活环境的紧密关系，同时也体现了李家坡对"我"的影响很大和"我"对李家坡深深的怀念之情。

❷ 结尾抒情，连续使用两个"难以忘怀"直接表达了"我"对李家坡、李家坡人和那段生活经历的怀念之情，使文章主题鲜明，情感动人。

还有我住过的驴圈改成的小土窑，在遥远的平阳府里，

我向你们深切地祝福。

那座小桥，那条小河……

延伸思考

1. 文章作者为什么说"多年后我四处奔波，生活发生了很大变化也的确吃过不少美味佳肴，但曹家庄学校的那顿便饭一直让我回味无穷"？谈谈你的理解。

_____

_____

2. 品读文章，你认为李家坡的乡亲具有哪些特点？文中的"我"又是怎样的一个人？

_____

_____

3. 品析语言，说说括号中词语的妙处。

（1）想想现在，居然受人尊重起来，一颗小青年的心域里便感慨着生活给予我的厚爱。（居然）

_____

_____

（2）细看，见有一张已不幼稚的大孩子的脸安在那一件破皮烂片的衣裳上面，扶他起来，见他站不大稳，走路慢慢挪着已是十分的吃力了。（安）

_____

_____

忧郁的月牙泉

名师导读 ▶

敦煌的鸣沙山是中国四大鸣沙山之一，而这里除了有会响的沙子，还有澄澈优美的月牙泉。月牙泉被鸣沙山环抱，几千年来却不曾枯竭和被沙子掩埋，任何人见到这样的神奇景象都会惊叹，作者亦是如此。本文记述了作者第一次见到月牙泉时的场景，赞美了月牙泉的美丽和神奇，并且分析了月牙泉在沙漠中生存下来的原因，但更重要的是表达了自己对月牙泉环境恶化的担忧之情，所以在文章最后呼吁人类保护月牙泉，保护生态平衡，升华了主旨。

❶ 开篇采用诗歌般的语言格式，使句式整齐，具有节奏感和音韵美，同时也突出了月牙泉的地理位置和碧绿、静美的特点。

① 月牙泉静静地汪泊在鸣沙山下。

看到你了，碧绿的月牙泉；

走近你了，静美的月牙泉。

当绕过浑黄高大的鸣沙山，走过沙山下几棵浓绿的老沙柳，抬头一看，真不敢相信自己的眼睛，月牙泉，那一泓无与伦比的月牙泉就出现在了不远处。

是在沙窝里奋力跑向那一片诱人碧绿的，每一个脚步都插进疏松绵软的沙地里，带着从未有过的欣喜和期盼多年的愿望，一下扑到了月牙泉的岸边。我一下站住了，木桩一般愣在那里，被电击一般。我是被月牙泉的美丽击中了，在那一刻里居然迈不动一步，早听说过月牙泉的娴静和优雅，高贵和自信，当整个泉水以她柔美的身姿呈了典型的月牙状态而沉静地汪泊在高大沙山下的时候，我居然从她的柔韧里看出了几分柔弱，从她的优美里读出了几许忧郁。<u>①</u> 心，被隐隐地触痛一下，是强烈的对比让我一时无法接受吗？四周高大的沙山与中间那么一泊凹陷的水泉；山丘一色的浑黄与其中泉水的碧绿；周边戈壁沙滩的干旱与泉水碧波荡漾着的滋润；还有，风卷沙山的浮躁喧嚣与月牙泉的水波不惊；三危山的逼人气势与月牙泉的内敛汪泊……这种强悍与孱弱，阳刚与阴柔，荒漠与绿洲的鲜明对比，让人毫无准备无从招架地去面对的时候，只能表现出不解和困惑，只能胡杨树般地站立在这种反差巨大的对比面前，茫然无措，神情呆板。是月牙泉固守的那一份孤独和静美让我的心触痛吗？是带着一颗好奇、探索、谦卑和敬畏的心，从千里之外的黄土高原来到这茫茫漠地沙滩戈壁来拜谒这一泓

❶ 采用疑问的方式激发读者的好奇心和阅读兴趣，能使读者对接下来的对比内容印象更为深刻。

① 把想象中的月牙泉场景和眼前的真实场景进行对比，突出了"我"见到月牙泉在沙漠中保持着明净、清冽样子时的惊讶心情。

传说中的月牙泉的。① 之前曾有过许多的想象，脑海里勾勒着月牙泉的动人姿态和她周边的芦草与植被，大树与灌木，在她不远处的属于同一水系的姐妹泉或母亲河……没承想，月牙泉就这么一泉独秀，形单影只地点缀在漠漠沙地上，以她独有的明净和清冽，点缀成荒漠上美丽的眼睛。这是大漠的奇迹，是自然的造化，是人类的想象不可能企及的现实。月牙泉就这么孤独而自恋地汪泊在那里，泊成几千年大漠荒原上的一段传奇。

这是在河西走廊的两端，在闻名遐迩的敦煌市南十余里的同样著名的鸣沙山的巨大怀抱中。方才，我骑着骆驼缓慢而悠扬地爬上了鸣沙山的南端，从那个角度，能看见东西绵延的四十余里而南北宽达二十余里的鸣沙山的一部分，那是典型的一望无际的沙漠戈壁，天黄黄地茫茫，起伏有致延宕不绝，它属于三危山的一部分，索性横卧在三危山下的戈壁荒滩上。这个角度是看不到月牙泉的，这让当时的我遗憾非常，如果再朝鸣沙山的北山脊攀爬，是否居高临下，能目睹到山下的月牙泉呢？或许，是因为泉水紧靠紧依着鸣沙山的山根，所以在山脊上是难以鸟瞰到她柔美身姿的。

这却让我大致了解了泉水所处的周边地貌和环境。

①鸣沙山是沙漠中的特色之山，它不仅色分五种，且能生发出一种鸣响，那是人与沙地接触摩擦之后沙砾发出的奇特之声，有时候沙山本身也发出奇妙的音响。它绝对是一种纯自然的现象，是天地之间的奇响，是大自然赐给沙地的美妙乐章……只可惜，在那样一个晴朗的初夏日，在众多的旅行者间，在沉着高耸的骆驼背上，没能倾听到沙山之鸣，沙山似乎在刻意地给人们留些憾缺，让美妙的月牙泉给人们另外一种情感补偿。

曾在一位友人的文章里，读到这样有趣的文意，他说，②鸣沙山和月牙泉是一对天造地设的恋人，作为伟岸丈夫的鸣沙山在用高大身躯和坚实的臂膀抵挡风沙，保护着月牙泉，而月牙泉则用她的柔美与忠贞永远地守望着鸣沙山。这是一个绝妙的比喻和艺术的联想。因为从地理的角度去看，鸣沙山的东西南山坡的底部，都紧连着月牙泉，几千年来把远处蛮横袭来的风沙统统遮挡在它的山脊之外，月牙泉才有了如此的柔美和优雅，才有了源头活水的丰盈和水面铜镜般的宁静。

作为沙漠之眼的月牙泉，她看到过多少尘世不平和边塞纷争，目击了丝绸之路上的多少来往商旅的艰辛身影。怀了各种梦想的旅人与战事在身的士兵，在

❶ 从科学的角度解说鸣沙山的鸣响原因，增添了文章的科学性。

❷ 插入动人的传说，体现了鸣沙山与月牙泉的紧密关系，同时增添了文章的趣味性，激发了读者的阅读兴趣。

漠漠荒原上，在无望的戈壁，即使绕再远的路途，也要千方百计来到月牙泉的身边，饱饮甘甜的泉水，洗一洗旅途的征尘，让他们干渴的战马，让他们负重的骆驼，在泉水的岸畔得到琼浆般的滋润与灌溉，得到可贵的休整和武装……

❶ 从精神内涵入手挖掘月牙泉对于沙漠旅人的重要意义，为下文呼吁大家保护月牙泉做铺垫。

① 千百年来，在沙漠旅人的眼中，月牙泉是一片丰美的圣地，是身心栖息的家园，是令人神往的生命绿洲，她远远超越了一泓泉水的价值，她的昂贵更在于一种精神的层面上，她给人更多的，是精神的慰藉和安抚，是迷茫无望中的指引和希望，是思想处于苦恼干涸甚或崩溃时的精神的雨露和云层中透射出来的光芒。人的漫长一生如同在沙漠戈壁上的长途跋涉，干渴与无望犹如途中的风沙时时袭击着我们。哀莫大于心死，一颗心在跳荡着，在执着着，在寻找着，心中有一泓永不干涸的月牙泉，旅者的脚步就不会停下来。

在月牙泉边，我伫立着，静静地、深情地、仰慕地、爱恋地、久久地注视着她。

一首歌，穿越在鸣沙山的上空，悠悠地飘过来，在耳畔回旋——

❷ 引用歌词丰富文章内容的同时，增添了语言的文学性和感染力，展现了月牙泉的静谧和美丽。

②就在天的那边，

很远，很远，有美丽的月牙泉，

她是天的镜子，

沙漠的眼，

星星沐浴的乐园。

……

我的心里藏着忧郁无限，月牙泉是否依然，

如今每个地方都在改变，她是否也换了容颜？

这首歌以前曾听到过，也曾被它的深情和忧虑触动过，如今，它又一次从粗大的沙柳树梢上滑过来，一直穿越到我的心里。

真的，我眼里的月牙泉不仅仅是优雅柔美的，我更多地看到了她的疲惫和忧郁，还有，那一缕一缕扩散着的忧伤。

作为沙漠之眼，她肯定有倦怠的时候，且不论往昔岁月里的沧桑阅历，能有哪一个朝代的边塞厮杀与血腥征讨能逃离她明澈的眼睛？^①但就自然处境而言，她无时无刻不在固守着自我的洁净，以无形的内力维持着矛盾又和谐的大自然的神奇。

有地质学家曾说过，月牙泉底有潜流涌动，有源头活水，因而千百年来不曾干涸，其水流处于循环交替状态，因而不曾腐坏。泉四周沙山高耸，山之形状也随了泉水形成月牙之状。^②奇特地形致使吹进这个

❶ 这句话突出了月牙泉洁净和神奇的特点，引出了下文关于"神奇"方面的具体阐述。

❷ 从科学角度解说月牙泉在沙漠中保存下来的原因，体现了大自然的神奇，令人惊叹。

环山洼里的风沙会自然上旋，把泉水四周的流沙又刮到四面山坡，正基于这种地形运动，使沙山和泉水保持着融洽又对立的生存状态，山以灵而故鸣，水以神而益秀。这种"神"我可以理解成月牙泉自身的不间断不停歇的调解的努力。她要协调与四周沙山的矛盾，她得应对随时袭来的风沙，尽管处于这么一个三面环山的地形，风沙的肆无忌惮和蛮横无情她领教了几千年；她曾经的清凉澄明，水波浩渺，久雨不溢，大旱不涸的水波淡定和细浪无声一次又一次遭遇了严酷挑战，在风沙侵袭亢旱骚扰的恶劣的大环境下，月牙泉着实地疲倦了，她的倦怠表现在曾经丰盈的身段可怕地消瘦了，瘦水微波嵌刻在荒漠上，是她的无奈和痛苦，她只会把痛苦深深埋进她的柔波里，而碧绿的水面上，浮出的是让人深深爱怜与悲悯的忧郁。

❶ "惊扰""践踏""凌辱"三个词语，程度由轻到重，指出了游客爬山、骑骆驼和商家撞沙车等行为都是破坏鸣沙山的行为，这些行为也会间接破坏月牙泉的生态，表达了作者对人类不注重保护自然的行为的愤懑之情。

①络绎不绝的游客在攀爬鸣沙山的同时，是对沙山无礼的惊扰，受人驱赶而身驮游客的一队队骆驼的四蹄，是对沙山的践踏，而山脊侧坡的商家撞沙车，则是对沙山的凌辱。这一切，也势必会影响到月牙泉，更有好事的游客，在静谧的月夜徘徊在沙山之巅，游走在月牙泉畔，感受沙山的波浪和月牙泉的安详。岂不知毫无节制的打扰，本身是对山与泉的破坏，还有景点之内的数不胜数的仿古建筑人造豪华是对山泉的

肆意造孽，灵性的山泉最需要歇息，需要恢复到当初原生态的幽静里。

月牙泉用渐次弱下来的一泓瘦水来抵御着现代人的矫情喧嚣和毫无节制的掠扰。

我这样认为。

还月牙泉和鸣沙山以原始的古朴宁静和自然形态的荒芜吧，任何人为的雕饰、任何不速之客脚步的踏进，都无异于污染和破坏。

我听月牙泉管理处的工作人员说，面对可怕的水位下降，上峰已着手从疏勒河上游输送生态水达敦煌，还有，也曾引渡党河的水直接充盈月牙泉的，只是，党河的水盐分过高，经过充水的月牙泉可怕地全变为深浊的盐湖。这一工程即刻停止了。还是让上游疏勒河流域修建相关灌溉工程，让河水顺着古河道流至敦煌绿洲，慢慢渗入月牙泉周边的草场与湿地，使月牙泉的地下水得到保护补充和调节……① 那人颇为自豪地说："这下就好啦，不用担心月牙泉干涸啦，为有源头活水来吗，月牙泉依然是丰采的月牙泉！"

但愿如此。

谁都愿月牙泉水波复漪涟，绿树泉边绕；谁都愿月牙泉风姿永绰约，胡杨翠沙地；谁都愿月牙泉明眸透清澈，水势可载舟；谁都愿月牙泉碧波含诗意，漠

① 运用反讽的手法，用"颇为自豪"来讽刺人类自以为是的心理，意在劝告人类不要打着拯救的名义去干扰和破坏月牙泉的生态平衡。

地共天籁……

可是，这一切毕竟是人力所为，人心所向，是人们理性的思路和感性的激情，①面对愈来愈频仍的沙暴侵袭和沙化加速，面对宏观的水资源奇缺和冰川萎缩，面对局部的绿洲锐减和湿地退化，面对可怕的生态恶化和沙进人退……一颗心，被紧紧地揪着，非常害怕，由于人为因素，让月牙泉失却自我修复的能力，久而久之，月牙泉蜕变作一泓人工水泉，成为千千万万见惯了的人造景观。同时又忧虑着大环境的恶化使得我们亲爱的敦煌城被风沙掩埋，②同传说中美丽的楼兰一样，让后人在戈壁和荒漠中去寻觅当年的文明碎片……

看看不远处风沙中滚动着的骆驼刺，看看几株显然已经干枯了的枝条发硬的胡杨树，揪心的痛和深切的患如同风沙一样拍打着我的整个身心。

但愿我的忧患是杞人忧天。

可是，我看到此时幽静的月牙泉，正眨动着美丽柔弱却也幽怨忧伤的眼，她在忧郁什么呢？在这万里无云的苍天下，在这晴朗旷远的日子里……

❶ 连续使用四个"面对……"的句式，突出了生态环境恶化的严重情况，增强了感染力，表达了作者保护月牙泉，保护生态平衡的强烈愿望。

❷ 以消失的楼兰为例，生动形象地说明了如果继续破坏生态平衡，美丽的月牙泉也会消失不见，起到了警示效果。

延伸思考

1.月牙泉"矛盾又和谐的大自然的神奇"包括哪些方面？请从文中找出相关内容作答。

_____

_____

2.文章标题叫"忧郁的月牙泉"，请问月牙泉的"忧郁"包括哪些方面？请分条概括。

_____

_____

3.品味文章情感，谈谈下列句子蕴含了作者怎样的情感。

（1）在月牙泉边，我伫立着，静静地、深情地、仰慕地、爱恋地、久久地注视着她。

_____

_____

（2）月牙泉着实地疲倦了，她的倦怠表现在曾经丰盈的身段令人可怕地消瘦了，瘦水微波嵌刻在荒漠上，是她的无奈和痛苦。

_____

_____

绿色摇曳中的生命颖悟

名师导读 ▶

作者用"绿色摇曳中的生命颖悟"为标题，写了生活在大山中的岜沙人对家园的呵护和对生态的保护，从而创造了繁茂的绿色森林，使族人能够世世代代安居在大山，拥有和平安宁的生活。本文不仅赞美了岜沙超凡的见识和令人敬畏的精神，还为读者介绍了岜沙民族的社会环境、文化传承等。

❶ 对山路两侧的树木进行描写，连续三个"是……"的句式，再加上"阵容""队列""矗立""点缀"四个词语，有力地突出了大山树木繁盛茂密的景象，为下文写岜沙人一生与树紧密相连埋下伏笔。

是细小山路引导着我们，走到一处山寨的。

与其说是在山路上行走，不如说是隐在大片绿色里——绿的山、绿的树、绿的草、吸一口清凉空气，便把一团儿浓郁的绿，吸进腹腔里了。

我们走进一团儿绿色的梦幻和绿色的苍茫里……

这是黔东南一座无名大山，是重峦叠嶂的从江大山里的某一处。^① 山路两侧，是松树和杉树的阵容；

是荷木和枫树的队列；是榕树和樟树的矗立；还有遍布山地的粗粗细细、高高低低竹子的点缀……倏忽间，从树林的疏朗处，闪出一个汉子来，那汉子是一身苗寨人的装束，深灰色的衣服又被周边的树木枝叶所浸洇，乍一看，也泛了某种绿色。汉子矮小却结实的身子，也仿若一棵独特的树，他迅捷地走动着，如同山上的树木在风中摇曳……

① 是汉子身上的那把猎枪告诉我们，前面就是岜沙苗寨，这是全国"最后一个枪手部落"。岜沙汉子们浑身三件宝，猎枪、砍刀和烟袋。这次岜沙之行，让我们见识了猎枪的威武和砍刀的妙用。

"岜沙"二字是音译过来的。最早是侗族人对岜沙的称谓，从只有语言而没有文字的苗、侗语音里写汉文就成了"岜沙"的字样。苗语的"岜沙"是"分送"之意，其意道出了这里苗寨人的来历——"分"——指村寨，"送"指黎平，是指黎平村寨，是说岜沙人最初是从黎平迁徙过来的。岜沙苗寨人在自己不绝如缕的歌谣里，一次次执着地来述叙和诉求过，作为苗族这一支的生命来历和文化寻根……

几十棵参天高的百年老樟树巨伞一般顶一片浓绿，又相互交叉着搭一个遮天蔽日的顶棚，大树下的开阔场地是表演的平台。② 悠然平缓又深情款款的男女对

❶ "最后一个枪手部落"表示强调，突出了岜沙汉子带枪的独特性，激发读者的好奇心。

❷ 采用铺排的手法，不仅增强了气势和节奏感，而且突出了岜沙歌谣丰富多彩的内容，同时间接体现了丰富的岜沙文化，增强了感染力。

歌声中，隐约能听出古歌的质朴和沧桑；劝世歌的警诫和用心；恋爱歌的缠绵和多情；礼俗歌的风习和讲究；敬酒歌的热情和恳切；劳动歌的艰辛和风趣；造屋歌的庆贺与欢乐；丧葬歌的哀怨与悲伤……还有，一首成人礼的歌谣过后，对歌戛然而止，一个苗族老者与一个小青年在场地中央，要完成一个成人礼的操作过程——

一盆清水；

一把平素砍柴木割草禾的笨重砍刀；

一个叫"鬼师"的老者粗短布满茧子的双手；

一颗十五岁小青年的长满长发的脑袋；

小青年静止端坐；

"鬼师"老者则站立着运作手中的砍刀……

①厚重的砍刀在"鬼师"手中如同苗家女人手中的绣花针，在浴过清水的年轻脑袋上灵巧律动，左右斡旋，其动作之娴熟，如同在自家地里收割稻谷。七八分钟的光景，一颗苗寨人的脑袋完成了从少年到青年的转型。那具有民族特色的发型是两面剃光中间留有黑绒绒一长条贯穿前后，却与当下大都会时尚小年轻的酷与帅不谋而合地接轨了。这是巧合还是冥冥之中上苍的某种安排。②后来才知道那个发型叫"鬏鬏"，是一棵树的造型。

❶ 运用比喻的修辞手法，把"鬼师"手里的砍刀比作绣花针，再加上"灵巧律动，左右斡旋"等动词的运用，生动形象地写出了"鬼师"给年轻人剃头的过程，突出了"鬼师"高超的剃头技艺。

❷ 补充说明这种特殊的发型名称，同时体现这种发型与树的关联，为后文写岜沙人一生都与树有着紧密关联的内容做铺垫。

当那把厚重的砍刀割去最后一缕头发的时候，悠扬优美又欢快热烈的贺礼歌便从苗寨姑娘群中传递过来，细听歌声里充满了缠绵柔情，还有潜藏着的期待和盼望……放眼过去，看那一群年轻貌美的苗寨姑娘，她们动情地唱着，眼光里是热辣的火苗和温情的水波……

歌声刚罢，袅袅余音尚在高大的樟树、榕树的枝叶间萦绕着，一排持有猎枪的苗寨汉子齐齐地把几十杆枪筒对准了苍天，用一阵激越人心的鸣放来作为最阳刚的庆贺。庆贺岜沙苗寨又一个年轻后生的脱颖而出，庆贺这个持枪汉子的群体里又多了生动鲜活的一个，庆贺他以后的生活如同鸣放过的枪响一样，既实实在在又轰轰烈烈……

① 苗家礼约，完成成人礼的小青年在步入人生这一重要阶段之后，家人要在指定的山坡上栽植一棵树的，或松或樟，名曰吉祥树，祝福他在未来的日子里山道通畅，生计祥和，并且同山间的树木一样，顶一片蓝天，造一片绿荫，撑起一面家庭的生活之伞……

苗寨人对树木的图腾和崇拜已有漫长岁月，这与他们种族特质和悠远历史的繁衍与传承关联多多，② 无须寻根无须罗列，单说苗寨人一生与树的多重缔结可看出他们人树不分，人树一体的生命本源和在此基础上的生命颖悟。

❶ 为了庆祝岜沙男子成年，不但要举行隆重的成年礼，而且要专门选择一棵树，为刚成年的男子种上，这是将人的成长与树相联系。

❷ 点题，这里对岜沙人一生与树多重缔结的情况进行解说，并且谈及"生命颖悟"，起到了点题的作用，使读者明白"生命颖悟"指的是岜沙人懂得敬畏生命，坚持与大自然和谐共生的非凡智慧。

一声婴孩崭新的啼哭，划破了小小苗寨清晨的宁静，那是新生命的呐喊啊！寨子里每个人都在心里为一棵小树苗般的生命默默祝福，为他许愿，也为他祈福。这时候婴孩的家人会选择一块山地，刨挖一个土坑，恭敬而虔诚地植进一棵小树，他们把满腹的喜悦和一腔期待，一同植了进去……但愿他健壮地长大，经风雨，熬寒冷，长成一株成才器的大树……

自此以后，这个婴孩的命运似乎和那棵小树维系起来，而这个小树又是满山遍野里生长着的树木中的一棵，它依托着浩繁的群体，汲取着生长的智慧，感受着群体力量又从群体里努力地奋争着，生长出富于特质的个体，彰显出生命的蓬勃魅力。

婴孩是伴着小树一起长大的，就如同他脑袋上成人礼之后所留着的鬃鬃发型一样，那分明是一棵树的艺术写意和优美象征。① 婴孩是听着绵柔的古老歌谣变成少年的，那些不绝如缕的歌子是从茂密的树林里缠绕而出的，是从清幽的稻田里激溅而出的，是从苗家女子灵巧运作刺绣的手指间飞跃而出的，是从青山对面层次分明的梯田里酝酿出来的，是从一面面古朴优美的吊脚楼的屋脊上弹跳出来的，是从一排金黄色禾晾的缝隙里穿梭出来的……这些歌谣对苗寨孩童是最早的知识启蒙和文化陶冶，是自然的礼仪教化和情

❶ 采用铺排的方式，连续使用六个"而出的"或"出来的"的句式，体现了岜沙人对新生命诞生的重视。

操熏陶；在这一系列歌谣的萦绕里，少年初识了一个寨族的历史，明晓了礼俗的规范，理解了劳动的必要，感受到了那一缕并不遥远的爱情的朦胧和美好……在歌谣能触及的初生与丧葬的内容中，隐隐地参悟着生命的博大与奥妙的密码……

岜沙少年是倾听着猎枪的鸣放声一步步成长和成熟起来的。那是标志着一个成熟男子的阳刚暴烈充满雄性的鸣放啊，与苗家绣娘的温婉俏丽正好相反，它充盈了岜沙男儿的刚强勇猛和英雄气概。^①这鸣放来自茂密的山林深处；来自原始的大寨（苗语养榴）边地；来自新辟的宰戈新寨（苗语养享）；来自大榕坡岭拉，来自古朴典雅的梯田地垄；来自狭窄的小路和高高的山峦……森林与山丘藏匿着的野兔、狐狸、山鹿等诸多野兽，是汉子们常年的猎物，遇到枪声密集和伴有声声呐喊的场景常常是十多个人在围猎密林中的大型野猪……每每这时岜沙汉子强悍得近于凶暴，和那个与少女对情歌时含情脉脉的柔情汉子判若两人。^②在这个围猎与搏杀的场景里，岜沙汉子的周身奔涌的是先祖蚩尤的英雄血液，而围猎的呐喊与嘶鸣的壮烈，让人追忆到涿鹿之战的悲壮与惨烈，回溯到古蚩尤率领九黎部落统一中原的浴血奋战，一路拼搏的惊心动魄……在战败的哭泣里，在西迁的无奈里，在几多的

❶ 采用铺排的方式，连续使用六个"来自……"的句式，写鸣放声来自山林深处、大寨边地、宰戈新寨、大榕坡岭拉、梯田地垄、小路、山峦等，展现了鞭炮齐鸣的欢庆场面，再次体现了岜沙人对成年礼的重视。

❷ 追溯岜沙人的祖先，指出他们是古蚩尤部落的后代，简述其曲折艰难的历史变迁和一代代人的浴血搏杀，最终建立了稳定的家园的过程，突出了岜沙人坚韧顽强的精神品质以及他们对家园的依恋与热爱之情。

奋争和屈辱里，他们这一支从江西至黎平，又从黎平到了这大山深处森林茂密的岜沙之地……五千余年了，这个个性独具的民族在坚韧和顽强中背负着沉重和伤痛，忍受着屈辱和磨难，也在执着地开拓与寻找，开拓荒芜，寻找家园。岜沙，这片山高林茂、古树参天、坡地倾斜、土地肥沃的风水宝地，便成了他们这苗族一股造屋垦田种稻狩猎的生活家园和代代生息辈辈繁衍的生命之所……

① 那一杆象征着英武与悍勇、征服与坚守、自强与护卫的黑幽幽的猎枪，它在承袭着先祖遗风，它在挥发着苗寨豪情，它在守护着苗寨宁静，它在维系着生态平衡。它是威严的又是柔情的，它是喧嚣的又是平和的，它是感性的又是理性的，它是物质的又是精神的，它是形而下的又是形而上的……

从某种意义上讲，猎枪同苗家汉子身上的另两件必携品砍刀与烟袋一样，已被漫长岁月和特质历史浸泅过滤，熏染磨砺成了一个符号、一个标识和一种象征，是民族性格和生命本真的文化象征。

岜沙儿女的一生，注定是要和这片森林这片山地维系在一起的，我们多次见到苗寨女子，她们小巧而灵活的身姿以不同的劳作姿态点缀在山路上，活跃在村寨里……

① 围绕岜沙人持有的猎枪展开，指出这把枪是他们保卫家园和生态平衡的武器，以及这把枪所象征的精神内涵，使读者更能体会到枪对于岜沙人的重要性以及岜沙人对生态的重视程度。

那个在树林间挑着一担沉甸甸青草的是岜沙女子；

那个在田塍间背着一大捆稻谷的是岜沙女子；

那个在蓄有清水的田畔里洗着青菜的是岜沙女子；

那个在吊脚楼下飞针走线，专注地做着刺绣的是岜沙女子；

那个在大榕树下的场地里抽丝纺线，手工织染的是岜沙女子；

那个在裙裾和被面上蜂蜡涂抹和靛青染就着飞禽走兽和花草树木的是岜沙女子；

当然，那个在大榕坡上或宰戈村寨里平缓而倾情放歌的也是岜沙女子……

① 腰别砍刀的岜沙男子时常是背着竹篓穿梭密林的；时常是牧着老牛且割着青草的；时常是砍着灌木且拾掇着杉树树皮的……他们在搭着禾晾的当儿沉静着的眼睛也遥视一下远方，远处是浓郁的树林和布满树木的重重叠叠的山岳……他们矮小结实的身材多么像一段身边的杉木，他们顶起一架崭新的吊脚楼的时候，也成为支撑一个家庭里坚实的梁柱。

山林的风，一年一年风化着岜沙男子的脸；梯田的稻，一茬一茬累弯岜沙男子的腰；新新旧旧的吊脚楼和吊脚楼悬挂着的风铃，在阳光明媚和凄风苦雨的漫长日子里，伴着他们酸甜苦辣和生命歌曲的几十

❶ "背着竹篓""牧着老牛""砍着灌木"说明岜沙男子并不只是会持枪打猎护家园的英雄，他们还会从事各种劳动，体现了其勤劳、朴实的品质。

载之后，岜沙男子业已完成他们的生活职责和生命旅程……一抹夕阳从高大的树木间隙透射过来，把橘红色的迷人的光洒在他们平静慈祥、布满皱褶的苍老容貌上的时候，他回光返照的梦幻般的意念里显现的是伴他初生时的生命呼唤中所植下的那棵树木，那棵生命之树正伫立在山林的群体里，以静默的庄严在抚慰一颗游走的魂灵……

那一刻天空湛蓝如洗；

那一刻山林浓绿如茵；

❶ 用树来装殓死者，可见树对于岜沙人而言是最神圣的，而人死后能够投入树的怀抱，回归自然，这也是岜沙人的心愿。

① 当苍老的岜沙男子安详离去的时候，家人已给他物色了一棵树，或者说他在离世前的一段时日里，已给自己物色了一棵最适合装殓自己的树。寨人会把那棵树伐倒，截取下端最粗大的一段儿，比逝者身高稍长的一段儿。无须锯板，无须钉棺，只是一点一点把树心里的木质挖出来、掏出来、取出来，掏出一眼能容下死者身躯的圆圆的深深的窝儿，把遗体缓缓地放进去，放进这一处崭新的树的家里，再用木板封住开口。他们会选择一个晴朗的日子，选择一片有大树浓荫的山地，掏出一个土坑来，把装有逝者的这段树桩慢慢地放下去，放下去，再把掏出的土一点点填进去，填进去，填到与山坡平行。

❷ 采用回环的方式，让句子整齐匀称，具有循环往复的音韵美，同时突出了"人"与"树"密不可分的关系，加深了读者的印象。

② 人在树中；

树在土中；

土在树木之下；

树木皆在大山中……

那逝去的苗寨汉子的魂魄，便在树中凝聚；便在土中酝酿；便在树木中萦绕；便在大山中守望……

他的家人和晚辈，还会在葬他的那片山地一侧，再栽植一株生机勃发的小树，人们会叫它长青树。在来年的春季或清明时分，抽出长长的枝条，开出翠绿的叶片，会有一只羽毛华丽异常诡谲的小鸟儿落在这棵小树上，伴和着阵阵松涛和神秘天籁，啼唤出一曲又一曲岜沙苗寨特质的勤劳歌谣、爱情歌谣和生命歌谣……

① 走在苗寨岜沙的山林小路和树木的浓郁里，我在感受和探寻这绿色摇曳中的生命颖悟……

❶ 结尾点题，突出了"绿色摇曳中的生命颖悟"这一主题，即赞美岜沙人敬畏生命、热爱大自然，崇拜和呵护树木的超凡见识与精神。

延伸思考

1. 岜沙人对树的崇拜体现在哪些方面？联系文章内容，用自己的话分条概括。

_____

_____

2. 从表现手法或者炼字角度分析"婴孩是伴着小树一起长大的，就如同他脑袋上成人礼之后所留着的鬃鬃发型一样，那分明是一棵树的艺术写意和优美象征"一句的表达效果。

_____

_____

3. 品读"一抹夕阳从高大的树木间隙透射过来，把橘红色的迷人的光洒在他们平静慈祥、布满皱褶的苍老容貌上的时候……，以静默的庄严在抚慰一颗游走的魂灵……"，谈谈你的理解。

_____

_____

荒野探寻

名师导读▶

　　本文是作者根据"尧帝凿井"的历史故事改编的一篇充满了故事性的散文。作者运用联想和想象，讲述了四千七百年前，天下大旱，大地被烈日烘烤，年迈的尧帝冒着炎日翻过一座座大山，走过一片片平原，披荆斩棘去寻找水源，就在尧帝筋疲力尽快要绝望的时候，发现一群蚂蚁，于是在蚂蚁的启发下，往地下挖，找到了水源，并因此挖出了世间第一口水井的故事。作者通过这个故事展现了尧帝心系天下、不畏艰险，且善于发现问题、解决问题等精神品质，表达了作者对尧帝的敬仰之情。

　　① 四千七百年前的那枚老太阳烤灼着远古的山野，也烤灼着尧王一张沧桑的老脸。那时的尧王并不能算老，六十岁或者五十多岁，但那张瘦长脸上的确已布满了如同远古时代的山壑沟梁一样的皱褶，长长短短

❶ 此处突出了环境的恶劣和尧帝的苍老，反衬出下文尧帝不畏艰险，百折不挠的伟大精神。

的胡须无序甚或有些杂乱，枯枯的，正应和了眼前山野里一片又一片即将枯萎的灌木与草丛。

这本应是草木们蓬勃繁茂的季节，这本应是碧绿的山野里夯[1]出一蓬蓬硕大饱满的野菊花儿的季节，但是这个季节被那枚太阳的烈焰烤炙得焦燥和枯黄了，闯进尧王眼帘中的，除却蔫死的庄禾，便是清晰可辨的阡陌土壤在烈日之下升腾起的苍蓝色的雾霭；是往日浩荡如练此时河床龟裂的大河里某一泓泥浆中蠕动着几条濒死的河鱼，干涸木讷的死鱼眼在与日头对视；是苍黄瑟缩的村落里老者随着艰难行走而深深弓起的脊梁和松弛干燥的皮肤下包裹着的一根突兀的脊骨；是脸色如蜡的青年妇女干瘪乳房上悬吊着的瘦弱且贪吃的婴孩……

❶ 采用远古诗歌的形式，每句以"兮"字结尾，既增添了语言的音韵美，又具有远古风味，增添了故事的真实性。

① 浩浩苍天兮

速聚祥云兮

泼洒浆露兮

赐吾贤民兮

……

从更辽远的村落里，随着热风飘来一阵阵强强弱弱古朴且神奇的祈雨谣，如泣如诉，又悠扬激越，时

[1] 夯，本书中均读作 zhà，竖起、张开的意思。

而如黄鹿悲鸣，时而如母豹咆哮，时而如猿猴哀啼，时而如鸟雀低语。

"哎——，皆是我放勋的无能……"

尧深深地自责着，伊放勋便是尧。尧的两根颀长的腿沉重地替换着，两只穿着草鞋的大足踩踏着干旱的山头。

① 又一面山坡从山脊上搭了下来，亢奋的日头从山脊后的森林里作了短暂的过滤，化为点点火星投射下来，尧向那一片遥远的森林里走去。

尽管黝黑的长条脸裹挟着疲惫的风尘，尽管焦灼在燃烧着那对忧郁的大眼，热风的拂荡下仍能看清刀砍斧凿下的脸之刚毅和迷惘遮掩不住的眼中的睿智。

尧有些执着地走着，有些固执地探寻着，在他的潜意识里，有一片能滋润臣民的圣水在等待他去发现去开掘。

那片遥远处的圣水首先染绿了尧干涩的双目。

② 探寻的路艰辛无比，烈日暴晒，饥渴难忍，恶虫叮咬，还有，在即将枯萎的灌木丛里，有凶猛的野兽在窥视着他。

尧王手里掮一柄细长结实的山木棍，可当杖拄，可当护身的器械。

这时候，尧王吁吁地大喘着，不得不在一处土崖

❶ 运用环境描写，交代了时间和地点，营造了荒凉的气氛，烘托了尧帝忧郁的心情。

❷ 运用环境描写，写出了尧帝寻找水源的艰辛。

的阴凉下权且小憩。

"苦、累、险……还有些，有些无望……我的寻觅不会徒劳吧……"

尧王仰视着苍天，双目的四角里染遍了赤红色……

"连日亢旱，生灵涂炭，作为天下之首，放勋深感不宁，眼看地表生火，滴水不落，这如何了得，恳请尊兄给予指点迷津。"

尧说着，看看胞兄少昊。少昊有一张年迈恬淡的脸。

许久，少昊才道："日落日升，月坠月启，昼尽为夜，夜未晨临。如此反反复复，是为序也。亢旱过后必有大涝，不会常旱，不会常涝。如今民心不可紊乱，天子之心不可急躁，俗语云车到山前路必出焉，正是此理……天地之奥妙自有其答案，慢慢寻找吧，只有探寻，才会走到诠释的那一天……"

① 将少昊的话比作一股凉风，生动形象地体现了少昊的话让尧帝的内心感到安慰、平和，为下文他能够静下心来观察蚂蚁的情节做铺垫。

①胞兄少昊的话如同土崖下吹来的一股凉风，爽心愉骨，此时想来，尧似有所悟。

尧站起修长的身躯，他得继续寻找。

苍天不施雨霖，实为上苍之意，徒使生灵涂炭，恐亦悖天意也，生存之路，得自己去走；生命之泉，得自己去寻，而那珍贵的生命之泉，如藏匿于大地之间而流动于旷野之上……

尧的衣衫尽被荆棘划破，连同褴褛之下的肉身，他已不知道什么是疼痛了。

太阳仿佛近在咫尺的火炉，而天地间的万物片刻之后就要被点燃。天上的飞鸟，禁不住这旷古炎热，不时有热晕的鸟儿一头从空中坠下，跌落在尧的脚边。

捡拾起美丽如山灵的山鸟儿，尧的心里一阵阵刺痛。

靠着山崖，尧抵不住袭来的巨大的困乏，他昏睡过去了。

①睡梦中的尧如同走进了另一个乾坤，天蓝地坦，水草丰茂，身边，涓涓流动着的，是他朝思暮盼的水流，那水流好荡，他看到他的臣民们用刚刚烧制好的陶罐朝各自的家中运水……尧一时欣喜，竟不顾了年迈而踏于水中，立时就有成群的河鱼向他游来，居然与他嬉戏，鱼嘴们在欢快地蹭他的大足，他的两根细长的腿，他被奇痒弄醒了。

原来，是十余只蚂蚁爬上了尧裸露的腿上，并欲钻进衣衫里去。

睁开双目的尧注视着游动的蚂蚁，他看到他的足下有一眼黑黑的蚁穴，硕壮的蚂蚁们就从那黑洞处出出进进。

②惊讶，使尧的双目直了。在这个如此干旱万物委顿的日子里，竟然还有如此健壮的生灵活泛着，跃动着。

尧仿佛清晰地听到了冥冥之中那个激越肺腑的涌

❶ 采用虚写的方式，描写尧帝美妙的梦境，这与现实形成了鲜明的对比，体现了尧帝对水源的强烈渴望。

❷ "双目直了"这一神态描写生动形象地展现了尧帝看到蚂蚁时惊讶的神情，说明此时的他发现了什么，展现了尧帝善于发现问题的形象。

① "连滚带爬"原本形容因害怕而慌乱逃走的样子，这里用来形容尧帝的动作，"贬义褒用"突出了尧帝发现青草和蚂蚁洞时激动、急切的心情。

② 对尧帝拽草，拨开草丛的动作和神态进行细腻的描写，使尧帝惊喜、满足的样子跃然纸上，形象变得更加生动真实。

动之声。

他的目光又一次被这一丛土崖下的鲜活嫩绿的野草染得有了生机，①他迅疾得如一个童子，连滚带爬扑到那丛青草之旁，蚁洞之侧，他有些困惑也有些莫名兴奋地端详着。

②尧拽下一片草叶，凑到鼻前深深地贪贪地嗅着；尧拨开一丛绿草，将脸庞凑近了地表，恋恋地察看着。

尧突然之间如得到某种昭示，面露少见的惊喜之色。

他用坚硬木棍的尖尖一端，插入湿润而松软的泥土，他开始使劲地掘土了。

泥土里有一缕缕白色的雾气在他的掘动中蒸腾开来，它们仿佛憋闷得太久长了，一经开掘，便欢快而蓬勃地飞向了旷野。

尧抛开木棍，索性用细长而粗糙的双手来开掘泥土，他进入了执着而癫狂的状态。

水汽在他多皱的长条脸上氤氲着，像一团儿又一团儿多情的帕儿，拂荡脸颊。

带有灵性的泥土在尧王的手指间做缠绵状，由松散的土质变作黏黏的泥质，当土坑掘至半人深的时候，尧王惊喜地看到，他站在坑下的双足，正被一片稀糊的泥浆淹没了。

泥水、浆水……

尧弓身继续挖掘着，深黄色的泥水在其粗大的十指间沥沥漏下，而泥坑之内居然激溅起悦耳的叮咚音响。

这久违了的动听的水声啊！

① 汩汩的水眼在突突地喷溅着，涌动着，带着地心水脉的饱满元气和无穷无尽的原动力，涌动着，涌动着，水位高涨时，水也愈加清洌起来。

人类历史上第一口人工水井的粗糙雏形在平水之阳，在尧王双手的刨挖下形成了。

那两只粗糙而硕大的手掌连同修长的十指早已被荆棘和土中的沙砾石子刺得渗出了鲜血……

人类历史上第一个挖井人用他两只淌着鲜血的手掌从水井中虔诚恭敬地掬起一捧泥水，将自己的一张布满喜悦的多皱的脸深埋进水里。

井水与汗水混合，泪水和血水交织在尧的脸上，勾勒出一首动天惊地的诗章，一幅包藏乾坤中深邃奥妙的神秘画卷。

② 水井的出现，结束了人类依靠河水和天水的日子，它开辟了生活史上的一个崭新纪元，上古文化就此绵延开来……

圣尧看着渐渐清洌起来的井水，清亮的水井里居然有一方苍蓝的天。面对不成形状的井口，尧仰首眺望苍天，在他的视野里，高远的天穹呈了一片美丽壮

❶ "汩汩""突突"两个叠词将水眼冒出水的动态过程写得非常生动可感，烘托了尧帝喜悦的心情，也引发了读者与尧帝的情感共鸣。

❷ 采用议论的方式，对水井出现的意义进行点评，间接体现了尧帝对华夏民族的发展所产生的深远影响，表达了作者对尧帝的歌颂之情。

阔的圆形,而在圆形的天际,又悬吊着一颗浑圆的太阳。

尧垂首低语:"天为圆,日为圆。"人们亦追求着日月的圆满,冥冥之中,这似乎是一种默契和印证,而作为寄予生存希冀和生存条件的小井,也本应成为圆形啊!

❶ 从科学的角度来解释水井为圆形的好处,有力地突出了尧帝的聪明才智,令读者赞叹。

①井口为圆、井身亦应为圆形,退一步说,这样也结实耐用,不易坍塌,大地挤压的力量,不会集中在某一个地方,力量会沿着水井四周,作流动循环之状,挤压之力分散了,井壁自然不会因挤压而坍塌……

有所顿悟的圣尧再次拿起那根坚实的木棍,将粗糙而凸凹的井口井壁一点一点凿圆,打磨得光滑细腻起来。

圆形水井在圣尧的精心加工中,井泥被淘,井壁被削,圆形井台被先人们高高地筑起。

❷ 总结全文,点明主旨,指出水井跪拜仪式代表着生活的改变与进步,体现了远古先民征服自然,改造自然的勇气、毅力和才智,表达了作者对先贤的敬仰之情。

略过四千七百年的岁月风尘,我们能看到先民们在井台站立,举行着如同敬仰神灵一样的跪拜仪式。②对水井的跪拜不仅仅是一种仪式,更是一次神圣的生活变革,远古的先民们迈着他们古朴笨重的脚步走进了一页新的历史。

延伸思考

1. 内心独白是很多小说、故事中描写人物时采用的手法，适当的内心独白有利于表现人物形象。找出本文中一处内心独白，并加以分析。

_____

_____

2. 文中为什么要写鸟儿热晕从天上掉下来的情节？试分析其作用。

_____

_____

3. 品味"尧抛开木棍，索性用细长而粗糙的双手来开掘泥土，他进入了执着而癫狂的状态。"一句中"执着而癫狂"的表达效果。

_____

_____

第二辑 北方的庄稼汉

一双沾满了泥土的大脚板子，结结实实地走进了这面亘古未变的老塬，走在这条祖辈踩踏过几千年的黄土路上。老塬震动了一下，地心里隐约着的闷雷是从脚底下传出的。

【2022 年中考语文训练题】

阅读文章，回答问题。（15 分）

北方的庄稼汉（节选）

①早春的一场大风从黄土峁铺天盖地刮来，刮黄了北方的天刮黄了北方的地，也给庄稼汉们一张张泛黄的脸子涂抹了一层粗粝的黄尘。

②一双沾满了泥土的大脚板子，结结实实地走进了这面亘古未变的老塬，走在这条祖辈踩踏过几千年的黄土路上。大片的土地横陈在庄稼汉子的眼前，没有犹豫没有矜持，他们沉静地甩脱了布鞋，麻利地套好了耕牛，一个响鞭炸过，不曾发锈的犁铧锐利地切入土地，庄稼汉们的赤脚也犁进早春的泥土里，新翻的泥土在铧面上愉快地呻吟着，嗞嗞作响地卷起层层土花，他们在一阵阵新土的馨香里感受着温热，感受着土地赐予的陶醉。日头鲜活成一枚早春的新

橘，把浑黄而清亮的光织成一张巨网，把耕牛把木犁把劳作的庄稼汉网进忙碌，网进一幅幅生动形象的耕牛图里。

③北方的春天短暂得像小青年斑斓的梦幻，一场跟一场的大风把日月刮进了另一个炽热的季节，庄稼汉们也辞别青皮后生的轻狂，认真走进这个季节的成熟。

④日头浓烈地把土地把麦子把庄稼汉们一张张脸子染成同一个颜色，在这个土黄色的天地里，庄稼汉们的笑声也黄澄澄成熟了眼前的小麦。他们把手中的镰刀在场院旁的磨刀石上磨了一遍又一遍，蘸上汗水蘸上心血把期待的镰刀砺得飞快，攥着这把镰刀，他们扑向麦地，把腰肢弯曲成一个古老的文字，弯曲成一台不知疲倦的机器。太阳烘烤着黄土地烘烤着土地上一枚枚土豆般的光脑袋和一颗颗兴奋冲动急躁不安的心，大片的土地里有牛驴的影子、骡马的影子，也有收割机和打麦机的影子，抱麦捆的老人、捡麦穗的娃娃和送来一罐子绿豆汤的婆娘们同打麦机们一起交织成一个繁忙艰辛的五月天。

⑤当遍野的高粱红艳了穗子，当遍野的玉茭金黄了娃娃的时候，秋风秋阳秋天的田野便沉甸了一个季节。庄稼汉们沉着含蓄得像这个季节里稳重的大青山。看一眼正午的太阳，那是庄稼汉智慧和充满张力的年纪。四处都充溢着熟透庄稼的气息，四处都流荡着收获秋日的紧张，割高粱拔花秆出红薯刨山药掰棒子碾谷子打糜子晒豆子，还要捎带拾掇菜园里的紫茄子山梁上一树树的红柿子……

⑥做完这一切，又把土地整得如同一盘大土炕，犁耙得舒服熨

帖松松软软，再从家里把那台老木耧扛到地头上。木耧不知是上几辈子传下来的，遍体的黑红显得深沉庄重。庄稼汉子们的老爹就是摇耧的好手。爹们把自己摇死在黄土里的时候，耧便传到他们手里，待到他们摇不动了就该儿子孙子接着摇，在黄土地里摇出了多少个歉收与丰收的年景，摇出了几代庄稼户共同的归宿。

⑦日子在昼夜的交替中增加，当阴郁的天空里抽下第一条晶亮的雪丝，猛烈肆虐的西北风便疯狂地抽打着黄土地，把北方的原野裹进砭骨的寒冷里。上了年纪的庄稼汉们会闭着眼窝喷着烟雾把一冬一年的活路细细盘算。他们会在早已收拾好的土地里用一根木棍点戳无数个地眼，通放憋闷的地气，他们知道，放了地气的土地来年点豆子粒儿大，栽红薯瓢儿甜，他们专注地戳着地眼，把对土地的热爱深深戳进地心里。

⑧永远做不完地里的活路，永远读不尽土里的字典，当枯树一般的四肢不能再灵巧地动弹时，他们会望着冬日的夕阳沉思，祥和善良的面容包含了往昔如烟的记忆……当合上那一双沉重的眼皮，在子孙们一片哀伤的号哭里，睡成一个苍黄的土包入土为安时，庄稼汉们便完成了生命的最后辉煌。

⑨从悠久的年代走来，从洪荒的远古走来，从刀耕火种的岁月走来，从连枷声从《击壤歌》的执着、悲怆中走来，带着尧、舜、禹淳厚遗风的这群庄稼汉，在北方这块发烫的土地上演绎出千百年苦难和辛酸、勤劳与智慧的黄土文化。当变革的大潮凶猛地冲刷这片文明悠远积淀沉重的黄土地时，庄稼汉子们被四面八方雄性的风

刺激得痛苦不安，亢奋和急躁了，恪守土地的诺言、恪守春种秋收的诺言和心理失却了固有的稳定和平衡。大片土地在气势恢宏地实现着一个大预言的时候，庄稼汉子们也在阵痛中进行一次庄严的洗礼和神圣的嬗变。在这冲动人心的嬗变里，扛着锹镢耙子的庄稼汉们开着小四轮开着播种机开着联合收割机的庄稼汉们，踩着山脊踩着高原踩着黄土的风尘一同走向高悬的太阳。

1. 作者从季节变换的角度来写北方的庄稼汉，有什么作用？（4分）

_____

_____

2. 本文善用长句。画线句集中描述了黄土地犁地的景象，请从长句的角度加以赏析。（5分）

_____

_____

3. 文章最后一段蕴含了作者对北方庄稼汉们的丰富情感，请结合文本简要分析。（6分）

_____

_____

婆娘们

名师导读▶

　　《婆娘们》是山西省著名作家张行健写的散文代表作品之一，文章充满浓浓山西农村生活气息。作者用质朴、通俗的语言描述婆娘们从姑娘转变成媳妇的过程，在家里辛勤劳动的情景，以及做了婆婆后的样子，展现了山西婆娘们勤劳、朴实、坚毅、善良、任劳任怨等可贵精神，表达了作者对"婆娘们"的肯定和赞美之情。

---

❶ 开篇用一组排比句增强了文章的气势和感染力，把婆娘们和五谷杂粮、古老传说放到同等重要的地位，强调了山西婆娘在生活中的重要性。

　　① 我们这方土地生长五谷杂粮，生长《击壤歌》，生长古老的传说，也生长着一群群和男人们一样野性十足的婆娘。

　　水土硬，吃着这水土的人们的话自然也硬。婆娘，漂亮而硬朗的字眼，当姑娘们遮着红盖头在欢快的唢呐和猛烈的爆竹声里或忧或喜地迈进男人家门槛的时候，和她们的祖母母亲姑姑妗子们年轻时一样，①便结束了少女的无忧无虑的日子，便失却了昔日家庭里的两棵乘凉的大树，便拥有了这个沉沉甸甸、掷地有声的称谓，便挑起了与这个称谓一样沉重如山的生活……

成了婆娘的女人们最会用女人的眼光打量自己的汉，或婚前自由相识或父母一手包办或两家换亲而成，经过那暴风骤雨的激烈，动人心魄的销魂抑或令人心悸使人亢奋痛苦发狂的难忘之夜后，一切都平静得如同黄土峁上无风无沙的小树林一般，抹去喜悦或酸楚的两滴莹莹泪珠，她们认认真真地掂量往后的日月了。

在婆婆慈善的留意甚或锥子般目光的盯视下，她们开始了穿针引线缝纫织布蒸馍发糕晒酱淋醋，只有这会儿才发觉做姑娘时学的给情郎纳鞋垫儿给老爹擀面条儿的那点小玩意少得可怜少得苍白，愧疚地羞红着脸子学一点操持家务的真本领了。

随着肚皮的日日鼓起，婆娘们的胆儿也日日大起，家族的希望之根和女人引以为傲的资本全膨胀在里面，便敢拣着花样吃偏食，赶鸭子般摇摆着到邻家坐在炕棱边台阶上与另外的婆娘们一起，数落婆婆的不是，埋怨公公的毛病，更不把小姑子放在眼里……②在某日的黄昏或黎明，一阵撕心裂肺的呼喊声把一个小农

❶ 用四个"便结束""便失却""便拥有"和"便挑起"的句子，写出了山西婆娘们身份的转变，由无忧无虑的少女开始转变成撑起半边天的妇女。而正是沉重的生活激起了婆娘们身上的那股韧劲儿，使她们更加热爱生活。

❷ "撕心裂肺""披头散发"和"骂天骂地骂自家狠心的汉"等词句写出了山西婆娘们生产时的艰难痛苦。在与"城里娘们儿"生产时的对比中，更加突显出婆娘们坚韧、有毅力的形象。

家的心都悬到房梁上，无须花钱无须上医院，横在自家炕头上有婆婆有土接生婆子就行，婆娘们披头散发，痛急了骂天骂地骂自家狠心的汉，全没有城里娘们儿那般娇贵那般做作。汗珠从额上淌下，毅力韧劲也从紧咬的牙缝里流出……哇——

一声崭新的生命的呐喊，这一辈子的依托就在血光里进出，进出家庭的未来进出婆娘们的地位。从此，她们全没有当姑娘时的羞涩，①敢在街口掀开衣襟亮给娃娃喂奶；敢张开嘴巴放开嗓门无所顾忌地大笑；敢用粗俗的话语回敬同样粗俗的男人们……

婆娘们懂得来身子但不懂得什么是例假，她们的身上永远写着繁忙和动弹的字眼，即使骨头发软情绪烦躁时，也得照样走到田野里，走成男人的左右手，拣豆苗栽红薯点玉米扦高粱摘棉花，把那六七天里的一朵朵血红染成傍晚最壮丽的残霞。②汉们摇耧的时候，她们也驴一样地架起耧杆，把腰肢弯曲成优美的象形文字，把滚圆结实的臀部高高撅起。

也挨汉子的暴打。常常是因顶了公公的嘴和婆婆生了气或是分家时为了争那三个细碟两只蓝花碗与妯娌们红了脸。她们受不了男人们雨点般的拳头，裹了包袱红肿着眼窝返向那条只有逢年过节才走的小路，把一肚子委屈哭诉给娘家父母，这委屈便少了一半。另一半儿是

❶ "敢在街口" "敢张开嘴巴" "敢用粗俗的话语"三个句子强调了山西婆娘们成为妈妈后的粗俗，也正是这些粗俗的行为彰显了她们身上独特的率真可爱。

❷ 运用比喻的修辞手法，把婆娘们架起耧杆时弯曲的腰肢比喻成优美的象形文字，生动形象地写出了婆娘们在田间劳作时的样子，流露出作者对她们的赞美之情。

在以后两天里消失的，第三天便倚在娘家门口，边给老爹纳鞋底边拿眼窝留意对面山上的小路儿。① 她们惦念那个属于自己的实实在在的小家，鸡儿喂不好就会到别家吃食下蛋；猪儿不能按时喂年底肯定出不了槽；娃子们会时时念叨妈妈的，那个"狠心贼"又不会做饭就胡吃乱喝，他原本就有胃病的哟……本来红肿的眼窝被焦虑折磨得下塌了……终于，对面山路上显出了三个小黑点，前面蹦蹦跳跳的是儿子，中间是披着条枣红被子脖子里挂着铃铛的小毛驴儿，最后那个最熟悉不过的影子正是她的汉……她们口里骂着那个"挨砍刀的"，心旌却飘摇起来，脸儿也笑成了一朵黑牡丹……

婆娘们又是乡间哀乐的制造者。左邻右舍过世了老人，② 婆娘们挂一脸忧伤义不容辞地来到灵柩前哀哀地哭唱出动听的音乐，常常走进角色宣泄出真情实感，涕与泪交织在一起流成一条条白色的小河。她们叹日月的艰难哭命运的不幸哭别人哭自己，哭出一片悲凄的氛围哭出了淳朴厚道的传统风俗，多少年便一直哭下来哭出一片深沉悲哀的殡葬文化。

婆娘们最有母亲的慈爱和儿媳的孝敬，她们宁可一年不吃一颗鸡蛋，从牙缝里紧巴出几个给儿子交学费的钱，宁可自家衣裤多补几个补丁也要让汉子穿着体面地走在人们前面。随着岁月的推移，推移的岁月在她们额

❶ 用一组排比句，写出婆娘们虽然身在娘家，心里却牵挂着家里的鸡、猪、孩子和"狠心贼"，写出了婆娘受了委屈，却仍然放不下家中的一切，强调了她们对家的情感，一个勤劳贤惠的农家妇女就跃然纸上。

❷ 运用比喻的修辞手法，把婆娘们的哭声、涕泪分别比作了动听的音乐和白色的小河，生动形象地写出了婆娘们的善良、富有同情心的美好品质。

上雕刻下纹路，而儿子也有了小婆娘的时候，婆娘们更透彻地懂得了如何对待自己的婆婆和媳妇，自个儿如何做婆婆的媳妇和媳妇的婆婆，这双重身份把婆娘们推到一个家庭历史的交叉点上，便少了些许张狂多了几分庄重，和男人一起舵手般驾驭着这一叶家庭的小船，更稳妥地驶进那波涛汹涌的岁月大海里……

没有男人的日子是没有太阳的阴暗日子，没有女人的日子是没有雨水的干旱日子。这方土地上的日子需要阳光需要明媚更需要雨水的滋润，黄土地和黄土地男人们被没有雨水和没有女人的旱日子旱怕了，才诞生出一串串粗犷豪放或凄婉动人的山调情歌，泻出光棍心底那绵延生命的热切期盼。在这辉煌的期盼里，婆娘们来了，踩着山头踩着地平线踩着黄土的旋律来了，① 她们奏出锅碗瓢盆交响曲的和谐，她们播放鸡鸭猪鹅大合唱的动听，她们发挥黄道婆的技艺编织生活的漫长瀑布，她们肩扛儿子手拖女儿走向祖辈走过的那条遥远的土路，走向渴望已久的北回归线。

春风吹到黄土地上的时候，② 婆娘们那张张耐风吹耐日晒耐雨淋耐霜打的黑红脸子如麦苗一样活泛泛有了生机有了明艳有了娇媚，她们哼蒲剧哼碗碗腔的时候也哼唱优美的流行歌曲。她们在多次的犹豫观望之后，终于大胆地褪下肥肥宽宽的布裤子，用牛仔裤用健美裤来

❶ "她们奏出""她们播放""她们发挥"三个句子既增添了文章语言的节奏感，又说明是婆娘们丰富了生活，传承了技艺，繁衍了子孙，没有她们，生活是暗淡无色的，突出了婆娘们在生活中的重要性。

❷ 运用比喻的修辞手法，把婆娘的脸比作了春天的麦苗，写出了婆娘们在春天这个充满生机的季节，对生活寄予了无限期望。"耐风吹耐日晒耐雨淋耐霜打"更写出了婆娘们在生活的残酷的洗礼下，依然充满了韧劲儿。

勾勒身躯上的山川河流。她们穿着这身衣服去镇上赶集，买些儿子用的书本买些娘们儿用的小玩意和一瓶馨馨散香的花露水；她们会和男人们合计把卖了山羊的钱换回一台黑白电视机，让一家人看看外面的世界……夏季风呼唤的时候，风信子分散了婆娘们，婆娘群里的一部分婆娘们离开了或暂离了这片恨得要命爱得发狂的黄土地，到镇子上到城市里，^①推一架卖冰棍的小车或依墙根开一个小小餐馆，在拉拉面炸油条的时候拉出女性的自我价值炸出一片崭新的生活……

婆娘们站立在这片新生活的沃土上迎接四面八方雄性的风……

婆娘们，这方土地上的婆娘们。

❶ "推""开""拉"三个动词写出了婆娘们在新时代的感召下，走进城市开始新的生活。她们身上不但有勤劳朴实的一面，同时也能随着时代的发展，适应时代的变化。

延伸思考

1. 散文中多处使用比喻和排比的修辞手法，请各举一例，并赏析其表达效果。

_____

_____

2. 散文结尾"婆娘们，这方土地上的婆娘们"蕴含了作者怎样的情感？

_____

_____

3. 散文围绕婆娘们写了哪些事情？

_____

_____

历山耕夫

名师导读

　　本文是根据圣尧禅位于舜的历史故事改编的，重点讲述了舜当帝王前，在历山耕种的经历，并借此体现了舜勤劳、聪明、仁爱、与时俱进等精神品质，为读者展现了一代圣君的人品风采，表达了作者对他的敬仰之情。另外，文章采用细腻的描写，描绘了多幅生动的画面，增添了韵味，给读者留下深刻印象。

❶ 从听觉出发，描写"清脆而特殊的敲击声"，既起到了以动衬静的效果，又引发读者思考为什么会有如此特殊的敲击声，从而起到了设置悬念的效果。

　　上古时代的风，沿着悠悠远去的大河，拂荡着平水之南三百里之遥的中条山麓，风头一转，在历山余脉上兜着大圈儿，把高耸开阔的山顶牧牛坪，首先吹打得早醒起来，山岚雾霭们在晨风中梦一般地缥缈游移着，准备迎接更遥远处的山顶上那颗即将弹出的鲜嫩的太阳。

　　① 其实，是一声清脆而特殊的敲击声把牧牛坪唤

醒的，那是最原始的鞭杆在击打柳条簸箕的别致音响，随着这个声音的发出，雾霭倏忽间飘移而去，上古的太阳光临了历山山头，有群鸟儿的鸣叫叫碎了历山的宁静。

那是大舜最喜欢的两头耕牛，一黄一黑，一高一矮，一左一右，忠厚老实地踩着犁沟并排而行走，暴突的牛脊与远处的山脊遥相呼应着，脊梁鼓起时，拽动着缰绳，缰绳牵引犁铧，而犁铧是精制的石块磨制的，犁铧又深深地切进历山顶的黑黄的沃土里。

犁把是幽幽泛红的野枣木打制而成，古朴厚重。① 而犁把正中却异样地悬吊一面柳条簸箕。犁把牵引出的，并不是它的主人，而是主人的一个局部——紧握犁把的一双有力硕壮却十分粗糙的大手；牛陷进土中的是两串阔大的蹄掌。深黄肥沃的细土从崭新的蹄趾间吱吱涌上来，涌上来的还有一缕缕久憋的地气。

日光穿越山树的叶隙，历山上有了七彩光泽，清晰了耕者敦实的中等身材和一张黛青色质朴平和的脸。

渐渐强烈的日光把地把牛把犁把人网进一张生动执着的牛耕图里。

四千七百年之后的一个草木疯长的炎热季节里，我与友人一起登临传说了四千七百年的巍峨高耸的历

❶ 对犁把上悬吊的柳条簸箕进行镜头特写，"异样"说明这里本来是没有簸箕的，或者一般的犁把上是没有的，再次激发读者的好奇心。

61

山，令我惊讶的是山上那一群群的肥壮的牛。农忙已经过去，正是放牧的时机，牛们物以群分自由组合，白日山顶吃草夜晚在避风处过夜，一连月余，牛的主人们不必上山来查看，亦不必挂念……① 还有辽阔的山顶草地上那一道深长的犁沟，名曰舜王沟，传说是当年大舜耕作时留下的犁沟。不论雨水何等充沛，季节多么炎热，四处的花草多么繁茂，而舜王沟里是绝没有一棵小草擅自生长的，望着那一条宽大深长的犁沟，我不知作何感想。我相信这一切都不是传说，② 我相信四千七百年前有一个勤劳的农夫在这里埋首耕作，他的智慧他的爱心和他的谋略得到了三百里之遥平阳处的尧天子的赏识，先将两个天仙般的闺女赐予他，最终把天子之位禅让于他。

这是怎样的一个大智若愚的农夫啊！

他是一个默默的劳作者，他绝对不会张扬自我，他在这人迹罕至的历山上拓荒，本身就说明了这一切。

出于对牲畜的爱怜之情，舜在耕牛身上是动了心思的。他既要让牛儿们下力地耕地，又不忍心动手中的鞭杆去鞭笞它们，即便是严厉的责骂，他也不忍下口。苦恼之中，他看到了自己居住的石屋屋檐下悬挂着的一面面柳条簸箕，大舜的心，一阵紧跳。

③ 重华怎么没有想到它呢？

❶ 这句话在这里起到了补充说明的作用，即前文的"耕夫"就是舜。

❷ 这句话在这里起到了承上启下的效果，承接了前文舜埋首耕地的勤劳，引出了下文关于舜得到尧认可的内容。

❸ 运用内心独白，"怎么没有想到"的反问，说明舜是一个善于发现问题，勤于思考的人。

重华是舜的名字，舜叫姚重华。舜这样想着，走了过去，他拣了一面较小的簸箕，拿手指一击，很有抨击牛臀的音响，^①他喜滋滋地将它悬吊在木犁之前、牛臀之后。

顶着瓦蓝的天，踩着浑黄的土，舜开始了又一天的耕作。然而这又是非同寻常的一天，小小柳条簸箕给了他一片窃喜。他在催促牛儿拉犁的时候，可以击打柳条簸箕了。

日已升高。犁出的新土表层已被日头晒干，刚翻开的黄土有湿气在氤氲着隐隐的七彩之色。

大黑与小黄拉犁的节奏由先前的快速到渐渐的沉稳、缓慢。

舜看罢，稳了稳犁把，挥动手中的鞭杆，却猛地击打在犁前的柳条簸箕上。

清脆的声音在历山上空响起，惊飞了一片山树上的几只大鸟。

啪——

啪——

柳条簸箕发出了如同鞭杆击打牛臀一样的声响。
^②大黑牛以为打了小黄牛，快快埋首拉犁。
小黄牛以为打了大黑牛，快快埋首拉犁。
犁拉得快了，舜稳定着犁把，一道崭新的犁沟朝

❶ "喜滋滋"既是神态描写，又是心理描写，生动地展现了舜想到办法，解决问题后喜悦的心情，突出了舜既质朴又聪慧的形象特点。

❷ 采用两个对应的句子来解说大黑牛和小黄牛在听到响声后误以为对方挨打，进而快快拉犁的情况，增添了文章的趣味性，同时也体现了舜的聪明才智。

前延伸着。

黄土像翻滚着的浪花，纷纷倒向一边。

而柳条簸箕上清晰地印着长长短短被鞭杆打过的痕迹。

在地角头回转犁向的时候，越过四千七百年的岁月风尘，我们可以清晰地看到，大舜所使用的犁铧已不是当初的石块打制的犁铧了，而是一面闪烁光亮的新型铜犁。① 那是舜用耕作之余自己编织的柳条簸箕在刚刚形成的市场上交换来的。

舜不是一个封闭的人，他能把自己的耕作与劳动所获同上古时期最原始的市场结合起来，让自己的劳动走进市场，交换出那个年代他所需要的最新式的农具以及生活用具。当然，也收集市场上人们对时政的评判。

② 这样，我们可以很自然地想象出，虞舜在农闲季节里，经常赶着他的牛车，沉默敦厚，带有几分孤独和恬淡地步入热闹的市井，他的牛车上，满载着各种农作用具和生活用具，他会和早已熟识的商贩们亲热而有分寸地打着招呼，也会祥和而矜持地讨价还价。这样虞舜会从车上取下他编织的结实耐用的箩斗，交换下一匹葛布，一只陶罐，一把闪亮的铜制腰刀……

这日，让虞舜眼睛一亮的是那把结构别致的新式

❶ 解释说明新型铜犁的来历，间接突出舜的勤劳、智慧，同时引出下文舜拿东西去市场交换所需品的内容。

❷ 这段话对舜带着自己的劳动成果去市场交换所需品的情景进行描写，展现了舜敦厚、淡定、勤劳、机智、深谙世事等性格特点，而这些正是他后来能走出历山，成为帝王的基础。

木犁，和一面闪有光泽的铧尖。

舜拉起牛车，紧走几步，停在了冶炼铺前，仔细端详着铜制的铧尖。

那铧尖，锐利、坚韧、不易破损，他想象着铧尖切进土地割断草蔓的生生脆响。

舜亢奋地用整整一车的笤斗交换了它。

① 在历山上两只牛儿悠闲吃草的当儿，舜动作麻利地解下了充当铧尖的石片，用石头将铜制铧尖揳入木犁。

驾起黑黄二牛，锐利的铧尖轻松刺入黄土，黄土欢歌一般从犁沟中涌出。

日出而作

日入而息

凿井而饮

耕田而食

……

② 难道舜就甘心于躬耕历山，甘心把毕生的精力都奉献于那一大片待开垦的荒田吗？他的面容是那种朴素得过于恬淡的面容，他对历山上一草一木、一只野兔和一只小鸟的钟爱就表明他对历山的深厚情感。

❶ 舜果断地用新型铜犁代替石头犁铧的举动说明他是一个与时俱进、积极改革的人。

❷ 连续两个反问句，表示作者并不认为舜就甘心躬耕历山，一生致力于拓荒。反问句增强了语气，为故事最后舜欣然接受尧的提议走出历山的情节做铺垫。

可是，清闲下来的时候，他会长久地坐在一块岩石上，十分含蓄的双目很有目的性地打量着历山下的苍茫，历山下的滔滔大河亦在他的胸中滚荡，历山下的阡陌田畴和一缕缕带有原始政治色彩的烟火不知是否点燃他的远谋天下的思绪？

这实在是一个复杂的心理之谜。

也许是苍天的安排，也许是舜的多年善举使他名声远扬，也许是一个契机而让寻贤访才的圣尧暗察了他，总之机会来了，<u>①</u>那可是一个旷古未有的机遇。

作为历山耕夫的舜没有像那些不食人间烟火的隐士一样，对圣尧的访贤与让贤作出深恶痛绝的拒绝，而是不亢不卑地善待了这位早已闻名遐迩的尧天子，并且第一次走出了历山。

<u>②尧说："虞舜自己耕于历山，栉风沐雨，不畏艰辛，多为天下人颂，伊放勋（尧名）这里有礼了。"圣尧拜舜，其状虔诚。</u>

知是天子光临，舜甚为感动，照礼节跪拜了圣尧，跪下抱着尧之双足。

舜说："姚重华（舜名）一介草民，耕于历山，牧于历山，此乃重华本分，沐天子之宏思，春种秋收，夏耘冬藏，五谷丰获，生活安康，天下庶民，均对天子感恩戴德，今见天子不惧路遥，来此地不知何故？"

❶ "旷古未有"是自古以来从来没有过的，形容这样的机会极为罕见，说明尧的到来对于舜的命运走向起到了关键性的作用。

❷ 运用语言描写，写尧见到舜时说的话，突出了尧谦卑和蔼、礼贤人才的形象，而这对于舜成为帝王产生了深远的影响。

尧微微笑着，走到一旁，抚理着牛毛，手抚着柳条簸箕说："听说虞舜有仁爱之心，不忍打牛而击打簸箕，放勋愿听详细。"

舜答："牛儿不声不响，吃草负重，辛苦异常，重华若因其怠而鞭打之，于心不忍也。人因疲惫，自会憩息，牛儿劳顿，便放慢耕速，因其劳顿而停下歇息，会养成牛儿的惰性，既要治其懒惰，又不伤其皮肉，重华只好用此策了……"

圣尧那时候笑着，极目辽阔的历山山头，山顶上被虞舜平整出一块块梯田雏形，田地被整整齐齐分割成一畦又一畦，而田畴四周，古木参天，一片葱郁。

①尧想：只有仁爱之心，才可感动生灵，对生灵尚能如此，何况对人乎！历山有虞舜，则天下大幸也！圣尧荐舜的举动曾引起不同的反应，有称赞者，也有激烈反对者：虞舜虽草民一介，但此人工于心计，天下百姓尽被他鞭打簸箕的怜牛之心所迷惑。此乃虞舜的奸狡之处，小小事体，可辨其虚伪，他令黑黄二牛同时感激于他，而牛们之间又倏然增加侥幸心理，幸灾而乐祸，时日一长，牛儿同主人一样，心理阴暗，怀了杀机，互盼对方遭鞭打之殃，助长牛们的邪恶。②舜对生灵如此，何况对人乎？大丈夫本应光明磊落，堂堂为人，何故心怀邪念，贻害无穷？

❶ 描写尧对舜认可的心理活动，从侧面突出了舜的仁爱之心。

❷ 连续用两个反问句来表现出反对者的言辞激烈。

对圣尧禅让于虞舜，又将两个爱女嫁于虞舜同样有异样的声音：

那是尧的老谋深算啊，尧子丹朱不才，而举荐虞舜，舜成了尧的女婿，又将天子之位禅让于他，一婿半个儿，二女一婿，整整一个儿子，天下仍是放勋之天下……此乃后话。

耕夫舜还是听从了尧天子的旨意，他在审时度势之后走出了重重叠叠的历山，开始了他的政治生涯。他走下历山，步入平阳的那一刻，就已经拉开了一个农夫理政并创造了上古时代又一个辉煌时期的帷幕。今日看来，历山作为他的一个精神依托和政治理念的起源地，①他以农夫的大智若愚和农夫特有的不动声色的狡猾，整理田畴一般去整理乱麻一样的政治。远古时代的有条不紊从他而始……

❶ 运用比喻的修辞手法，将政治比作田畴，形象生动地写出了舜整理政治的方式如同农夫整理田畴，帮助读者更好地理解和感受。

延伸思考

1. "历山耕夫"指的是谁？他是怎样一个人？请简要回答。

_____

_____

2. 按要求品析语言。

（1）"日光穿越山树的叶隙，历山上有了七彩光泽，清晰了耕者敦实的中等身材和一张黛青色质朴平和的脸。"（从描写的角度赏析。）

_____

_____

（2）这又是非同寻常的一天，小小柳条簸箕给了他一片窃喜。（分析"窃喜"的表达效果。）

_____

_____

3. 读了文章，你有什么启发？联系生活实际谈一谈。

_____

_____

隐者节操

名师导读▶

　　这是一篇充满趣味性和故事性的散文，文章讲述了圣尧为找到合适的人来接替自己的天子之位，而上姑射山去访问许由、巢父、善卷和披衣子这四位久负盛名的隐士的故事。面对圣尧的请求，隐士作出了不同的反应，但都未能让尧如愿以偿，好在披衣子向尧推荐了舜，于是有了尧禅位于舜的千古美谈。作者采用人物描写、环境描写、对比等方式塑造了四位隐士不同的形象特点，使读者感受到了隐士们超凡的智慧与高洁的节操。

-----

❶ 采用语言描写，尧的话交代了事件的起因，便于读者了解故事的来龙去脉。

　　山岳重叠，山溪涓涓。远古的大山是富有灵气的山，远古的河流似乎也充满了祥和与智慧。

　　圣尧及随从几人，又开始了新一轮的探寻。这次不是觅水，这次是寻贤。

　　① 尧对随者说，放勋立朝以来，一晃已有四十余年，

四十年来，放勋深感体力不支，尽管身边有一班文武贤臣，但，还是觉得乡野山林之间，隐藏着无数智者贤人，就如同乡野里奇绝的山川一样，潜伏着一批奇绝之人。采山野之气，吮天籁之精，他们有着仙人一样的灵气和慧眼，拜访他们，结识他们，放勋可以有所长进，可以开阔视野，听听他们治国安邦的见解和对天下的看法，也无不受益……

尧上到了山峻水清的姑射山上。从前，他听人说过，这里曾居住着颇负名气的四隐士。真的，尧是冲他们而来的，不过，他事先并没有声张。

① 在一片古木参天灌木葱郁怪石嶙峋且山势奇险之处，隐士许由正弯腰曲臂于一条明澈的溪水边，精细瘦长的双手掬了溪水，一捧又一捧地慢饮。溪水从他有些花白的胡须上流下去，而他颇有些红润的脸庞却显然是一张中年男人的脸。

尧走上前去，对许由施礼。

"许由子，先生近来可好？放勋今日来，想向先生请教。"

许由仿佛没听到尧的问话，双手捧着，居然将溪水洒向空中，一捧又一捧。

尧再次施礼，且缓缓说道："太阳出来了，火把还没有熄灭，要它显示光辉太难啦；时雨已降，再去浇

❶ 采用环境描写、外貌描写和动作描写等，描绘了一幅隐士饮水图，增强了文章的画面感，突出了许由虽然年迈但精神抖擞的形象特点。

71

灌田园，实在徒劳无益。许由子若能给我推荐个可任命天子的贤人，天下必然太平，庶民亦可安康，不知先生可赐教一二？"

许由不语，久久地，当他得知圣尧欲把天子让位于他时，惊讶地说道："尧治天下，如今已祥和太平，让许由取而代之，岂不多此一举，惹天下人耻笑吗！由隐居深山就是为了这个吗？ <u>① 鹪鹩即使到深林里筑巢，亦不过占据一枝；鼹鼠就是跑到大河里饮水，也不过喝饱区区小腹，天下于许由有什么用呢？</u> 天子请回吧，厨子就是不做祭祀的供品，主持祭祀的人也不会替他做的……"许由言罢，甩甩手上的水珠，笑吟吟地走了。

尧有些尴尬与茫然。

<u>② 许由沿一条弯弯曲曲的河水边的小路匆匆走去，心事重重的样子，目光却看着脚下的河水。</u>

还是走远一些吧，不要让洗过耳的水，弄脏了这一带的河岸。许由这样想着，来到一片河水的浅显处，有一行大小不等的粗糙的踏石在小河里点缀，他蹲在了踏石上。

清清的水流，激溅着白色的水花儿，从他脚边悠悠然地流去了。

<u>③ 许由对着流水，喃喃说道："多少年了，由的双</u>

❶ 许由用鹪鹩只占据一枝树杈筑巢，鼹鼠只喝小小一肚子水来类比自己对于天下并没有什么所求，表明了自己很满足隐居生活，无意天下的心迹。

❷ 许由急匆匆离开和心事重重的样子，在这里起到了设置悬念，激发读者好奇心的作用。

❸ 许由自言自语的话直接突出了他对大自然的热爱、隐居的愉悦心情和对功利性的政治生活的极端厌恶，体现了淡泊名利的高洁情操。

耳听惯了山风的呼啸，听惯了松涛的轰鸣，听惯了百鸟的细语,听惯了流水的脆响,听惯了优美无比的天籁,这古朴庄重的自然之声啊！

"进入我的耳朵，滋养我的脑袋，由的双耳已习惯了悠然恬淡的自然交响，熟习了亲切平和的放牧野曲儿……可是，万万没想到，我不幸的耳朵，今日却不得不承受不得不接纳天子伊放勋（尧）的功利之说教，凡俗之诱惑，这让由烦闷不乐，浮躁不安，脸颊赤红双耳发烧，哎——我无辜的耳朵呀……在这下游水浅处，不妨撩水好好将双耳清洗清洗。"

许由真的在执着地清洗着双耳，他不时地将脑袋仰起来,如倒水瓢一般朝外倒着耳里的污物,这还不够,还独脚站在踏石上，侧着脑袋，一蹦一跳，似要将双耳中的脏物震荡出来，他的姿势古怪动作奇异，连河水也不解地流去……这动作就吸引了另一位深山隐者。

隐者巢父正赶着一头牛儿准备下河饮水。① 巢父清瘦而细高，一身麻葛上衣，一张瘦长条脸上嵌有一对古怪的小眼睛，很古朴的，很沧桑的，也很淡漠的样子。

巢父疑惑地问许由，何故大洗其耳？

许由只好如此这般地答过。

巢父眯缝着小眼睛，没有听完就牵上牛儿直朝上游走去。巢父的黑牛甩动着黑长的尾巴，几乎把水珠

❶ 运用外貌描写和神态描写，突出了巢父瘦高、朴素的外貌特点和古怪、淡漠的性格。

甩到许由的脸上。

^① 这回轮到许由一脸茫然了。

巢父抛来一句古怪的话："既已如此，你的耳朵孔太脏了，这一清洗，岂不弄脏一河之水，你怕尧的话污了你的耳朵，我还怕污了我黑牛的口呢！"许由听罢一阵发愣。

那时候尧王已经走过去了，他确实不知道许由和巢父的这一幕，如果见其景听其言，尧老人家不知会作何感想？他苦心孤诣地爱才让贤，以国家社稷为己任，而在隐者的眼里，为政者居然遭到如此之奚落。^② 隐者啊，上古时代的隐者，难道果真就把治理天下的君主视作草芥看作粪土吗？

然而隐者却对天下是如此的洞悉和熟知，尽管他们看起来那么超然和淡泊。正如许由评价啮缺道：啮缺聪明机智，但他崇尚智慧而抛弃天然；啮缺个性突兀，但他常以己之见去分别事物，干预事物并且改变事物，他只配做个诸侯国国君而非天子。圣明的尧就是因隐者的这些高见，而从善如流的。这时候，尧已跋山涉水，远远离开了许由们，在愈来愈奇峻的高山上，拜见了另一隐者善卷。

^③ 这里，不知名的古朴大鸟儿在千年古松老柏间发出怪异却悦耳的啼鸣，而犀牛居然在不远处的草丛执着

❶ 对许由茫然的神态进行描写，增添了文章的幽默色彩，刚刚他让尧感到茫然无措，现在换成自己了，看到这样的情节令读者忍俊不禁。

❷ 采用反问的语气，肯定了在上古隐者眼中君王如同草芥、粪土，突出了许由和巢父清高、孤傲的形象特点。

❸ 运用环境描写，营造了静谧、清幽的氛围，突出了山林的美丽，烘托了善卷神仙般的气质。

地吃草，一只只仙鹤悠闲地站立在一面硕大的石岩上，尖长的细喙啄着什么，又引开颀长脖颈朝山林那边张望。

在一片险要的石崖边，凹进去了一眼简陋的石窑，窑面上长满了青藤绿苔，一位青黄脸色的智者就站在青藤之下，他身着葛衣，须发还幽幽泛黑，乌黑的长须遮掩不住书卷之气。

圣尧还一个古朴简便的礼，对他恭敬地说："善卷博览群卷，熟知古今，身居深山，心怀天下，淡泊宁静，朝野皆洞悉。自得道以来，亦不松懈对天下的关注，今日放勋诚意相让，善卷可要担当对治理天下的重任啊！"

善卷听罢有所思忖，只一瞬，便朗笑不止。笑罢舒卷长袖，仰首对了天边的淡淡白云，对了山边的淡淡山花，许久说道："①善卷居于深山，耕于长坡，无求于世，无求于人，更无治天下之意。鄙人生于天地之间，长于山川之上，冬穿百兽之皮衣，夏着麻葛之裤衫，春播秋获，有劳有逸，得有空暇，阅读先祖，捧读神仙，自然神清气爽，逍遥自在。你说，我要天下何用哪？悲夫！圣君并不了解善卷，善卷志在山水间而无意于天下啊……"

圣尧还要再说什么，善卷有些疲惫地摆摆手，斜仄仄将身体倒于柴草中，埋首于一摞竹牍之中了……似乎全忘了眼前之事，全忘了身边之人。

白云悠悠，天籁徐鸣。

❶ 运用语言描写，善卷虽然没有许由、巢父孤傲，但他的话也表明了自己无心天下的志向，体现了他淡泊名利，热爱山林的性情。

一只仙鹤停落在善卷身边的柴草之上，又一只独脚站立于善卷肩上，安详静谧，一派自然。

圣尧表情复杂地看着，许久了才离善卷而去。

①尧的随从困惑而不平地问尧："这些人，为何这么怪异，这般无礼？"

尧便解释说："不要困惑，更无须生气，隐人哲士，是我等凡人所不可理喻的。我们要接近他们，善待他们，他们才是世间高人哪！②汾水之阳，姑射山上，共有四位高人，一为许由，二为巢父，三是善卷，四为披衣，这披衣平时深居简出，为人平和，可谓高人之中的高人，普天之下，有口皆碑。我们不敢懈怠，饿了吃些松子，渴了饮口山泉，快快去见披衣子吧。"尧说罢，吃力地攀住路旁的荆条，艰难地前行。

茂密的山林骤然稀疏了许多，一眼悬在山崖的石窟出现在他们面前。

石窟前逼仄的小院被一块巨大的山石占去了很大一角，山石光滑细润，倒像一张可坐可卧的大几。

尧一行爬上小坡，进入小院，又小心翼翼进入石窟。

石窟内除过一些必需的简陋用具外，别无他物。披衣子不在。

夕阳慢慢落了下去，已升上半空的朗月缓缓地真切起来，清爽的山风拂动着尧的长发。

① 随从的话从侧面突出了前三位隐士们孤傲的形象特点，同时也反衬了尧礼贤下士、耐心寻访人才的圣君形象。

② 运用作比较的方式，将披衣和许由、巢父、善卷进行比较，突出了披衣平和的性格特点，为下文披衣热情接待尧的情节做铺垫。

一位身形佝偻的老者背负一捆干柴，慢慢走进小院。

"哪几位高人，竟然误入了披衣寒舍？"

尧吃惊地问："你就是披衣子？"

①披衣放下干柴，凝神一看圣尧，双目一亮，赶忙揖起双手："圣尧天子，何故身临披衣面前？"

②披衣取出两只碗，从石窟之侧抽出一根竹管，便有汩汩清水流了出来。

尧打量着披衣相貌思忖："披衣老了，太老了，竟比我放勋还年迈，天子之位怎么能让于他……"

披衣另取出一些松子之类山珍，连同石碗一块放在石几上。

一只黄鹿顺从地凑到竹管之下，喝起水来。

尧请披衣坐下，说道："放勋在尘世，素闻高士大名，只因仰慕高士，特来寻访。欲将天子之位让于高士，放勋也好过几天闲云野鹤般的日子，不过——"尧哈哈一笑，"真没想到，你竟比我——"披衣说："真没想到我居然老到这般地步了。不过，山高自有山相连，披衣也是尘世人，我还是关心天下事的，可叹我已年迈，要是再年轻些，是会跟着圣尧去干一番大事的。③不过，我可以向圣尧推荐一个人，在西山之上，有一个叫虞舜的年轻人，他可是个智者、贤人哪！"

尧双目一亮，一个山野耕夫，贤名竟远播深山……

❶ 披衣的举动和神情与前面三人对待尧的态度形成了鲜明的对比，可见披衣虽然是隐士，但心系天下，对圣尧十分崇敬。

❷ 运用动作描写，写披衣巧妙取水的过程，突出了披衣过人的智慧和淡定的性格特点。

❸ 披衣因为自己年老无力帮助圣尧管理天下，于是推荐了舜，体现了他无私大度，能够成人之美的精神品质。

从披衣之后，舜就走进了尧的视野，就有了尧王禅让的经典故事，历史也拉开了文明的一幕。而使圣尧最初结识舜的，这个重要环节应归功于深山隐士的介绍和引荐。隐士们个性突兀，志向有别，那种极致的隐者风范令后人们敬钦不已。他们是中国文人最早的楷模，也是真文人的某种最高境界，风骨与节操，使他们的行为成为典故，成为穿越时空的甘霖，滋润着中国知识分子一代又一代的心肺。

延伸思考

1. 圣尧为什么要到山中去寻访隐士？你认为，他是一个怎样的君王？

_____

_____

2. 四位隐士，你最喜欢的是哪一位？简述理由。

_____

_____

3. 品读下面这段话，简述这段话在文中的作用。

"隐士们个性突兀，志向有别，那种极致的隐者风范令后人们敬钦不已。他们是中国文人最早的楷模，也是真文人的某种最高境界，风骨与节操，使他们的行为成为典故，成为穿越时空的甘霖，滋润着中国知识分子一代又一代的心肺。"

_____

_____

在喀纳斯村听图瓦人吹楚儿

名师导读 ▶

　　"楚儿"是图瓦人独有的乐器，原材料是喀纳斯湖畔特有的一种蒲苇的主茎，这种乐器只需要简单的加工，就能吹奏出极其美妙的音乐。文章以"楚儿"为标题，一方面因为这种乐器是喀纳斯独有的，能够象征这里生活的少数民族——图瓦人；另一方面吹奏这种乐器需要极其传统的技艺，只有坚守图瓦传统的技艺人才能演奏，表达了作者对图瓦音乐人的敬佩和赞美之情。

　　从高耸的观鱼亭走下来，一头一脸的汗水，早被喀纳斯清凉的山风揩去了。①此时喀纳斯的风，是绿色的风，柔软的风，一如喀纳斯湖绿色的柔软的水一样。

　　我们行走在仙境般的童话里，草原、松林、毡房、小溪、山坡上草丛中一簇簇牛羊，还有骑马牧羊的哈萨克族或蒙古族的图瓦人。不，这哪是童话，是亚洲

① 采用通感的方式，将风的视觉、触觉与水的感觉相联系，营造了一种放松、舒适的氛围，增强文章的艺术效果。

79

唯一的瑞士风光的喀纳斯，是神秘诱人的令多少人神往的喀纳斯。

<u>① 踩着由木板铺就的草地小径，我们来到了诗情画意的喀纳斯村。</u>

这是图瓦人集居点之一，以放牧和狩猎为生，以擅长骑马、滑雪和射箭的蒙古族图瓦人居住地的小牧村，本身已成为喀纳斯多元景点的一个小小点缀。就像之后的白哈巴村、禾木村、贾登峪，还有纯景物的珍珠滩、禾木河、白湖、双湖、月亮湾一样，成为宏观的喀纳斯的美丽组成。

带着好奇心，一步步走近一顶又一顶小小的木屋，<u>② 小木屋在草地上如同一枚枚棋子，粗看有些随意，其实还是有序地排列成小小村落。</u>

村庄的前面几步远就是草地，牛羊卧在木屋前后，沉静地吃草或反刍。小木屋是用松木原木垒砌成尖斜顶的，中间用木板隔开，下面住人待客，上面尖斜的空间放置一些用具和储存一些食物。用木板圈成木栅栏后，就成了一个相对独立的"家"了。

我们走进这一家，是比较宽敞的木屋。一个二十三四岁的高个儿小伙子迎接我们进了屋，<u>③ 屋子地板已铺好色彩鲜艳、图纹华丽的地毯。</u>我们按照这里的风俗和规矩，是进门前把鞋子脱在屋外的。一进屋，

❶ "诗情画意的喀纳斯村"是作者对喀纳斯村环境的赞美，烘托了作者来到这里时轻松愉悦的心情。

❷ 把小木屋比作棋盘上的棋子，生动形象地展现了小木屋在草地上的分布情况，具有极强的画面感。

❸ 对地毯进行特写，"色彩鲜艳""图纹华丽"生动地体现了少数民族的生活特色。

便席地而坐，享受主人——也就是那个高个儿青年给我们端上来的奶酒和奶酪。

高个儿青年是刚从乌鲁木齐一家音乐学院毕业回来的，中学一直读的双语学校，汉语说得还比较流利。作为著名的喀纳斯旅游景点和颇具特色的图瓦人的样板木屋里，他演奏几曲民族音乐，讲解一些有关图瓦人的历史，也是小伙子当下一个不错的职业，特别是在这个气候适宜的美丽秋季。

毕竟是年轻人，毕竟接受的是当代音乐的教育，尽管手执马头琴，还是弹奏着大家耳熟的草原歌曲，只是在他手拿了一种叫"托布木尔"的仅有两根弦的弹拨乐器时，才弹出了真正属于他们图瓦人的传统歌谣。

① 图瓦人独有的乐器叫作"楚儿"，那可是一种举世无双的乐器。当年轻人从屋子上方一侧取出一根笛子样的物什，让大家细看时，才清楚地看到这是一根比拇指略粗一些，有二尺多长的草笛。它是用喀纳斯湖畔的蒲苇的主茎做就的。拿起楚儿，很轻；抚摸，质地却分外柔韧，它上下凿有三孔，有些像竹箫的样子。

年轻人此时一副很羞愧的模样，表示吹不了这个神奇的草笛，他请来他的大哥——一个沉稳寡言的中年汉子进得木屋来。

❶ 对"楚儿"进行解说，既起到了释题的作用，又使读者对这种特殊的乐器有了一定的了解，为下文中年男子吹奏"楚儿"做铺垫。

81

❶ "寡淡的脸仅柔和了一瞬"这一神态描写表明中年男子内心充满了忧愁,这是为什么呢?很显然,这一描写起到了设置悬念的效果。

❷ 把楚儿和人们熟悉的笛子进行比较,突出了楚儿外形简陋但曲调复杂的特点,说明要吹奏这种乐器需要高超的技艺。

中年汉子只向作家们点点头,①一张寡淡的脸仅柔和了一瞬,便坐在木凳上,接过小弟手中的"楚儿",试吹了几下。

我想,不知道中年汉子在这几个月的时间里,一天要吹奏多少次他心爱的"楚儿",他脸上的冷静还不至于是一种职业使然吧,但愿是他的性情而已啊。

修长而轻巧的楚儿在他的手中是那种异常熟练的乖巧样子。我看到他的手指在楚儿上轻轻动弹着。②楚儿并不是笛子,笛子仅发出一种声音,轻巧的有些简陋的楚儿,却是复调的混声乐器,一支楚儿能吹奏出一个乐队的所表达的效果。

忽然,古朴、原始、低沉、悠然,还有少许忧郁情调的音乐,就从那支朴素的楚儿的细筒和洞眼里传出来……它原本就是一枝湖畔采来的蒲苇茎秆,几乎没有进行多大的加工,就形成了艺人手中的"楚儿"。这神奇的魔笛一般的茎秆,便被吹出了内容丰富、蕴含复繁的音乐。这音乐刚刚发出来,如同草地上马儿在悠闲地溜达;如同图瓦人在沉静中思索;如同喀纳斯的风,带着湖水的潮润,掠过山坡的草茎,越过肥硕的牛背,穿过图瓦老人黑红而沧桑的脸……

中年汉子的吹奏已毫无疑问地进入了角色,或者说已渐渐沉进自己的演奏里,那是一首《美丽的喀纳斯湖波浪》，接着便是他的保留节目《黑走马》了。

①从楚儿朴素古朴的乐曲里，我听出了中年汉子，不，是现有的图瓦人执着寻根的韵味。

听人们说，图瓦人的来历是喀纳斯的六个不解之谜之一。图瓦人历史悠久，是我国境内的古老民族，他们世代生活在哈巴河、库木河、喀纳斯湖肥美的草原上，以放牧狩猎为生。历史上长期与蒙古族相处，故而，图瓦人在宗教信仰和风俗习惯上受蒙古族影响很大，传统上被看作蒙古族的支系，故而叫蒙古图瓦人。

可是，楚儿吹出的音乐却有了迷惘和惆怅的味道。这证明图瓦人的来历还有其他说法。曾有学者认为，图瓦人的祖先是 500 年前从西伯利亚迁移来的，与现在的图瓦共和国同属一个民族……②可是，图瓦人固执地认为，他们的历史是和"禾木"这个名字有关联的，"禾木"之意是熊胸前的油，很久以前他们祖先来到这里，这里棕熊很多，猎杀棕熊后，把一块块熊油分给每一个牧人，故而这个地方就叫禾木了。

从楚儿多声部的吹奏里，我听出了图瓦人沿袭多年的古老习俗和多样性的图腾崇拜。

中年汉子已经完全走进他吹奏的意境里了，鼓起的嘴巴和抽动的脸皮表明他全身心的投入和被吹奏内

❶ 这句话起到了承上启下的作用，承接中年人吹奏音乐的朴素古朴，引出了关于图瓦人起源的探寻内容，使文章自然过渡，内容简明。

❷ 无论别人怎么说，图瓦人坚守自己的起源信仰，坚信图瓦人的起源和棕熊有关，这就是音乐所传递的"现有的图瓦人执着寻根的韵味"。

容的感动。

那是图瓦人在欢度节日和庆祝宴会吧，那么欢快和轻松的音乐节拍，头戴礼帽的男子和身披彩巾的女子，一律穿着皮靴和毡靴，饮酒、歌唱、起舞。碧绿的草地上，律动着色彩的装饰，蓝、绿、红的镶边蒙古袍子，红黄绿的缎带腰带，一起在飘飞舞动……

音乐转为沉重和艰涩了，那分明是劳作的沉重和艰辛吗？以山林为家以放牧狩猎为生，砍山上松树搭建木屋，剥厚重兽皮抵挡寒严，用原始炊具调制奶酒，在湖上捕鱼，佐以肉食……炊烟袅袅，生生不息……

① 音乐的韵律变得凝重庄严起来，哦，是表现场景宏阔的祭祀活动呢。图瓦人每年开春都要隆重地祭天，上山狩猎之前要祭山，下湖打捞要祭水，捕上鱼来要祭鱼，砍树之前要祭树，点火燃柴木之前要祭火……图瓦人的图腾崇拜也有别于他族，湖边的图瓦人以神湖作本族图腾，高山下的人就以神泉为图腾；旧时，图瓦人殁去有火葬、天葬、土葬三种葬法，现在都以土葬为主了，他们会在一大堆土里四周围上木头框作为棺木，死者端坐其中，如同胎儿坐于母体中的形状一样，寓意深远……

从楚儿不绝如缕的吹奏里，我听出了图瓦人的忧郁、困惑、阵痛和生命的柔韧。

❶ 将凝重庄严的曲调与祭祀活动相联系，突出了图瓦祭祀活动的庄严和神圣。

中年汉子的脸上，忧郁和一缕可察觉的苦痛早已取代了以前的沉着与寡淡，他在想什么呢？他的思绪在山川湖泊和草原漠地上绵延不绝起伏跌宕吧……

①当下，生活在喀纳斯一带的图瓦人已不足一千五了，有七百人居住在喀纳斯湖畔的喀纳斯乡，其余人散布在贾登峪、白哈巴和禾木村、阿尔泰的深山老林里还有一部分固守着图瓦人古老的生活习俗和生存状态，与外界几乎没有沟通，过着与世隔绝的日子。

图瓦人有自己的语言但没有文字，这是图瓦人的特质也是让他们不无担忧的一点。当年轻的图瓦人一旦外出就业，或上了大学闯荡世界，领略到远天远地的精彩的话，他们还能否秉承祖先的习性、风俗，包括语言在内的一切文化元素？

②目前，这仅有的一千四百多人的图瓦人是不可以通婚的，以避免近亲和同族系的血脉婚姻，这在一定程度上构成了年轻人婚姻的困难，尤其是男性的图瓦人。

是的，美丽的喀纳斯的山川河流、湖光水色包括开阔的山坡草原，如同怀抱一样簇拥了图瓦人，他们可以在这里以自己的固有方式生活与繁衍，可是，现代文明的猎猎罡风和多元文化的诸多因素无时无刻不在浸润着图瓦人，风化着图瓦人，是固守还是改变，

❶ 一千五、七百等具体数字，突出了图瓦人数量之少，而这也是图瓦人所苦恼的事，同时也引起了读者的注意，令大家为图瓦人的民族延续而担忧。

❷ 内部不可以通婚，说明图瓦人虽然过着几乎与世隔绝的生活，但思想并不落后，他们明白近亲不可以通婚的道理，不过这也是图瓦人越来越少的重要原因。

❶ 所谓"余音绕梁，三日不绝"，作者在文章结尾写楚儿的旋律仍在耳畔回响，说明楚儿旋律令人回味，间接突出中年男子吹奏楚儿的技艺高超。

这似乎是一个问题……

① 从小木屋走出来，我们朝白哈巴村走去，楚儿的动听的旋律仍在耳畔回响。

延伸思考

1. 作者为什么要先写年轻人弹奏草原歌曲和图瓦人的传统歌谣，却不能吹奏"楚儿"？

_____

_____

2. 品析下列语句，分析括号中词语的表达效果。

（1）不，这哪是童话，是亚洲唯一的瑞士风光的喀纳斯，是神秘诱人的令多少人神往的喀纳斯。（唯一）

_____

_____

（2）现代文明的猎猎罡风和多元文化的诸多因素无时无刻不在浸润着图瓦人，风化着图瓦人，是固守还是改变，这似乎是一个问题……（风化）

_____

_____

3. 从中年男子吹奏的音乐声中，"我"品味到了哪些内容？请分条概括。

_____

_____

第三辑　阳光切入麦穗

　　早已收割过的田里，麦茬子被一双双疲惫的脚反反复复踏过，麦茬间的遗穗被一只只手捡过，饥饿的眼窝仍固执地在赤裸的麦地里搜索，以至蝇头大的麦穗儿、纤细如丝的麦秆儿均被拾捡起来，大小麦头儿齐齐地挤在一处，状如一株向日葵。

作家带你练

阅读文章，回答下列问题。（15 分）

水　井

①村落总是沉寂在一片苍黄里。

②让村落生动的，是那两眼相距并不遥远的水井。

③天还没有亮透，有三颗或五颗倦怠的星，依然在空里缀着。早起乡人的脚步把村子踩醒，水桶声和咳嗽声很匆忙地缠着，被一条条影子带到水井边了。

④这是一眼甜水井。

⑤水井有高于地面三尺余的砖砌井台，一色的青砖极讲究也颇结实地将井口围着。井口上竖着枣木井架，上面安着挑水用的辘轳。圆圆的辘轳缠了极粗的井绳，那是乡人用老麻皮拧就的，耐用也富有韧性，绳头是一串铁链，用来套紧桶把儿的。

⑥空桶下落水井的过程，是一个快速而猛烈的过程，辘轳在轴

上飞转，发出啪啪嗒嗒的声响，好嘹亮的，把树上的鸟雀惊得飞远了，把天边的残星，震得抖落了。成年汉子双手的手心，在麻绳上摩擦且用力，控制着缓急速度，水桶接触水面前的一瞬，忽然慢下，水桶由于井绳的一兜，便栽进水里，舀了满满的一桶。水桶的上升就悠然了几许，那是汉子的臂力通过辘轳作用于井绳的，辘轳的把子每转一圈儿，辘轳心与轴柱的咬磨就发出一个浑厚的响，吱——妞——吱——妞——这样响过二十余下，一桶冒着热气的井水上了井口。有性急的汉子，会探下嘴去，饱饱地喝几大口，起身、仰了一张满足的脸，很惬意地叹道：好甜哪，美呃了——

⑦叹过，美过，便挑了一担，脚步轻快地经过村巷，晃进自家的院落。此时，天就亮了许多，汉子正好荷锄下地。

⑧井台承载了清晨的忙碌后，便陷进一天的静默里，无论早上最后一个离开者是谁，看一眼四周再无人走来，他便在挑起水桶之前，将沉重的木盖封在井口上。

⑨爷爷常对家人说，井是咱乡村的眼呀，谁都得爱惜眼睛哩！

⑩暮色降临的时候，井台又开始新一轮的热闹。五六个或七八个汉子，聚在台边，依序而等。有红红的烟头燃起，也有淡淡的家常拉起。谈天气，谈庄禾，谈无穷无尽的日子。井绳绵长，话题也绵长，井绳与话题就绵延了更长的日子。两桶水吊着，担子就上了肩，脚态就不像清晨里那么轻俏，一整天的劳作，汗水和精气神儿，都泼洒在田土里了，这会儿，步子就沉沉实实地，挑着这一担沉实的水，便像他们那个沉实的光景。

⑪轻俏也好，沉实也罢，一早一晚里，村巷里因了一条条移动的影子，而颇显得生动与鲜活了。

⑫甜水井是属于乡村汉子的，娃娃家和婆娘们一般不可以靠近它。

⑬年少的我首先走近的，是村头的另一眼井，它是苦水井。

⑭同甜水井相比，苦水井井台要低一些，台上的枣木架也低，架上的轴和轴上的辘轳，都相应地要小。如果说甜水井的早晚是汉子们的世界，那么，苦水井的前晌和后晌，井台上下则是娃娃和女人们的天下。

⑮女人们要浆洗衣物了，要择葱扒蒜了，要淘红薯洗萝卜了，会拿了衣盆，拿了箩筐由她的半大的能挑了井水的儿子陪了，来到苦井台边，井台边就交织了细腻紧张的劳作乐章，也时时炸起只有女人堆里才能炸起的欢笑。

⑯村里的每个农家，都有两口蓄水的大缸，一口蓄甜水，一口蓄苦水。甜水做饭用，人吃；苦水洗衣洗脸洗菜熬猪食拌鸡食，当然有时候也会浇灌浇灌院落里的菜畦和初栽的小树。有时，忙晕头的女人，在熬猪食时舀了甜水缸里的水，男人会涨着一张硬脸，嚷道：咋用甜水熬猪食呢，嗯？要累死老子你才舒心？

⑰女人的脸腾地红了，羞愧着，低了头，赶紧将水换过来。

⑱每个农家都有不成文的规矩，男人主事土地庄禾，挑满缸里的甜水；女人做饭洗衣，喂猪养鸡，也和娃子捎带挑满苦水缸。这是个形式，深层的意蕴在于，畜生不能和人一样享用甜水，甜水是上苍供给至高无上的人专用的。

⑲无数次，在除夕的炮仗声里，爷爷敬完了家里院里的所有神子，就引了我，当然，还有二叔三叔们拿一把高香，走过长长村巷来到甜水井的井台边，三叔在井台上插好一大把香，点燃，爷爷就朝井台跪下，我们都跪下，虔诚地拜了三拜。离开时，我发现，甜井台上，凡能插香的地方，都有长长短短的香在燃着，袅袅烟缕在无声地书写着乡人对水井的图腾。

⑳……

㉑多年后，我回到久违的乡村，才知道，甜水井和苦水井都已枯了，村人吃水，只靠管道从远处的机井处输送过来的。甜水井和苦水井的井台虽已风蚀得斑驳陈旧了，但原先的木盖依然牢牢盖着井口，护着井口。村里的老者说，井并没有干涸，是水井要歇息一些年头咧。水脉就在地下，只要淘一淘，挖一挖，依然会有旺旺的甜水冒出来，会有旺旺的苦水冒出来……

1. 第二段在文中有何作用？（3分）

_____

_____

2. 分析下面一段话用了什么说明方法，有何表达效果？（4分）

水井有高于地面三尺余的砖砌井台，一色的青砖极讲究也颇结实地将井口围着。井口上竖着枣木井架，上面安着挑水用的轱辘。圆圆的轱辘缠了极粗的井绳，那是乡人用老麻皮拧就的，耐用也富有韧性，绳头是一串铁链，用来套紧桶把儿的。

_____

_____

3. 赏析"爷爷常对家人说，井是咱乡村的眼呀，谁都得爱惜眼睛哩"一句的表达效果。（3分）

_____

_____

4. 品读文章说说"甜水井"和"苦水井"的作用有何不同？（5分）

_____

_____

_____

名师带你读

阳光切入麦穗

名师导读 ▶

　　《阳光切入麦穗》是张行健的一篇非常有代表性的散文，充满了浓重的乡土气息。写"我"和奶奶，以及村民们在拾麦穗的过程中，遇到民兵的追赶，奶奶成功为突然生产的女人接生的事情。本文体现了作者对老百姓之间互相关爱、互相帮助的赞美之情。

　　记忆中那年的夏天炎热而漫长。天边那颗老太阳执着地烤炙着滚烫的田里和田野上一个个惊慌忙碌的身影。

　　早已收割过的田里，麦茬子被一双双疲惫的脚反反复复踏过，麦茬间的遗穗被一只只手捡过，饥饿的眼窝仍固执地在赤裸的麦地里搜索，以至蝇头大的麦穗儿、纤细如丝的麦秆儿均被拾捡起来，大小麦头儿齐齐地挤在一处，状如一株向日葵。等到左手握不住时快快在垄上埝下拔一棵细长蒿草，缚在麦脖上。又一把麦子拾下咧。^①我眨动着十三岁欣喜的眼窝，把麦把儿交给奶奶，奶奶捣着粽子脚，把瘦小腰身伸直一下，接过麦把儿，塞进腰中挂着的围包里，送我一个苍老的笑，又弯腰去拾捡。我看到一滴晶莹汗珠在奶奶额上渗出又很快被烘干，阳光在奶奶灰白的头发里闪闪烁烁，凝聚成六月的希冀。

❶ "交给""捣着""伸直""接过""塞进"和"拾捡"等一系列动词写出了"我"和奶奶在田间拾麦穗的过程。

伸腰看看前面，眼前有二三十个拾穗者；转身瞅瞅后面，背后有二三十个拾穗者，大多是年迈的婆子抑或年岁尚轻的媳妇，也有少许如我一样的十二三岁的孩娃。拾穗人细瞅着田土，也下意识看一下四周，眼光都虚虚的，偷看一般，看远处的某一田地里是否会倏然出现大队里执勤民兵。

"集体的麦穗子，宁可烂在地里，也不能让私人拾去。民兵们，抓一个拾麦者，没收麦子，给你奖工分十个！"大队主任沙哑的嗓音仍萦绕在村里村外。^②拾穗人怕怕的，饥饿又使这群婆娘、孩娃一次次走进惨白的日头下，走进田野绿色的侥幸里。

❷ "怕怕的"三个字写出了拾穗人心中的担心恐惧。但是在饥饿的逼迫下，就算冒着被民兵抓住的风险也要去拾麦穗，表现了他们生活的无奈。

天边日头悠长缓慢地朝西移去。我的肚子里咕咕啼唤时，奶奶腰中围包已沉甸甸胀开来。一阵野风吹过，风中夹了一声令人可怕的惊呼：民兵朝这边跑来啦——拾穗人立刻慌乱，呼儿唤娘纷纷拎了麦把儿和围包朝小路和就近的玉荽地里散去。

玉荽苗苗才尺把高，遮不住的，便又盲目着死命地跑。

同往常仓皇逃跑一样，我接过奶奶的围包，并牵着奶奶找一个躲藏或逃离的去处。麦田好长哟，日头白白地悬在天边。我只看脚下和选择着前头的路，只感到我们超过了三三两两的人和有三三两两的人超过了我们，①我那时惊异于年近七十且有一双尖尖小脚的奶奶跑得如同她十三岁的孙子一样快……

忽然，身边一个年轻媳妇吁吁喘着，对奶奶说：老婶子，我跑不动咧，我肚子疼，怕是要——我和奶奶细看，是邻村一个不相识的女人，一个陌生的拾穗人。她挺着圆圆的大肚子，脸色此时同麦秆一样蜡黄。

奔跑中的奶奶忽然意识到什么，冷不丁站住了，由于站得急切，身骨前倾着，尖尖小脚深深犁进麦田。

"哎哟——老婶子，疼死我咧——"女人一串呻吟过后，斜躺在麦田里。

"怀上几个月啦，闺女？"奶奶问。

"七个月咧……"女人痛苦地答。

① "年近七十"写出了奶奶当时岁数大，同时又运用夸张的修辞手法写出她依然能跑得跟十三岁的孙子一样快，充分突出了老百姓对民兵的恐惧。

"别怕，闺女，七活八不活，孩娃能保住的。"奶奶放下围包，倒净里面的麦穗，平平铺在女人腰身下，要她沉住气，帮她慢慢解开裤带，褪下单裤……

拾穗者已远远跑去了；

我们身后有三四个民兵快快追过来。

"盛娃——"奶奶叫我，"把你的衫子和背心给奶奶脱下。"阳光下，奶奶苍老的声音白白晃晃却透着一股坚定和鲜活。

女人在"哎哟，哎哟"地叫着，一声高于一声。

❶ "咬紧牙，憋住气，使劲努""咱啥也不用怕"，奶奶面对陌生女人要生孩子的突发状况并未慌乱，而是先安慰女人，接着不慌不忙地做着接生的准备。

①"不怕，咬紧牙，憋住气，使劲努，是女人就要过这一关，有老婶子在，咱啥也不用怕。"奶奶劝着，把我刚脱下的背心和衫子一条条撕开来，放在女人小肚边。

三四个民兵已经走上来。奶奶回转身子，布满皱褶的老脸挤出一些愤怒："滚远些，女人家生娃娃哩，到跟前凑啥呀？走远些——"

几个民兵一怔，讪讪走开，走在十几步开外的麦田里坐下，静等。

❷ 优美的环境描写衬托出紧张的气氛。女人疼得死去活来，而天空中燕子画出优美的弧线、蟋蟀在悠扬地鸣叫，更能反衬出女人的痛苦。

那一刻日头白得耀眼。②女人的声声叫唤都令我抖动不已，我看到天边飞来几只燕子，在我们头上交织着画出优美的黑色弧线，更远处，有一只蟋蟀在悠扬地鸣叫。

"老婶子，痛死我啦——啊——啊——"女人的手指深深嵌进奶奶干瘪的胳膊里。

阳光却亢奋地洒在光裸的麦田里，像是播种，循着一行行矮矮麦茬，我看到一根根麦秆麦穗出奇地粗壮出奇地硕大，平时难以寻找难以捡拾的麦穗儿这会儿平静地躺在发烫的田土里，反闪着白亮的光。

"麦穗儿——"我叫。

"哇——啊啊，哇——啊啊。"

一声鲜嫩嘹亮的啼唤在麦田里荡开去，我欣喜地嗅到新麦的清香。

是个胖小子哩……

① 奶奶笑着抱起初生婴儿。奶奶手心里染满了血红。奶奶的老脸在日光下笑成一朵老菊花。

围包和我的衣衫碎片全是红色的，一地的麦穗儿也红了。

夕阳西下时，奶奶抱着婴孩，我扶着邻村不知姓名的女人朝大队部走去。

民兵在后，我们在前。

❶ 运用比喻修辞手法，把奶奶的笑脸比作一朵老菊花，生动形象地写出了奶奶成功接生后的喜悦，同时也表达了作者对奶奶的赞美之情。

延伸思考

1. 阅读全文，赏析"阳光在奶奶灰白的头发里闪闪烁烁，凝聚成六月的希冀"一句的表达效果。

_____

_____

2. 本文是一篇写人记事散文，请分析奶奶的形象特征。

_____

_____

耙　地

名师导读 ▶

　　人生中总有一些事会定格在我们的心里，让我们忍不住去想念。对于张行健而言，青年时耙地的时光也是内心深处重要的回忆。作者用流畅、质朴又不乏深情的文字记述了自己第一次看耙地的场景以及自己从驾驭牲口耙地到跟在拖拉机后踩耙的经历，其中详细讲述了秃尾巴驴儿的遭遇以及"我"与它慢慢成为彼此信任的伙伴的过程，表达了作者对耙地时光的怀念之情。

　　庄户人常说：①锄头有水，耙齿保墒。

　　雨后，地里能插进脚时，就得不失时机地锄一遍庄禾。锄头轻轻地砍去板结的地面，把地表拉动得疏松起来，就那一层疏松的土质，能抵挡烈日的暴晒，能防预不停吹拂的野风，能把渗到田里的那些雨水有效地保留起来。

❶ 作者开篇就引用农谚，为文章奠定了乡土气息的基调，同时自然引出"耙地"的话题。

① 四个"能……"形成排比，使句子一气呵成，增强了气势和感染力，有力地突出了耙地的好处。

② 采用摹状貌的方式，对耙齿细致地描写，展现了其坚硬、柔韧、弯曲、细尖的特点，为下文耙齿嵌入地里，切割土层、石块和杂草的情节做铺垫。

同锄地的功能一样，耙地同样能保墒，① 能疏松土壤，能抵御野外肆虐的风，能破碎田地里顽固坚硬的土疙瘩，能让土地舒舒服服地横陈在那里，等待季节到来时的播种。

在旁观者的眼里，耙地比犁地要舒坦和潇洒得多。

四尺长，尺五宽的木耙，是用乡村结实的木板做就的，长方形的两根横板和两头收边的两条竖板，形成了木耙的主要框架，中间还有较宽的两条竖板和横板连接，一是固定耙身，主要是用来给耙地者双脚踩踏的。② 在这些横横竖竖的下面，铆满了三寸多长的耙齿，耙齿是熟铁的，坚硬且柔韧，呈了弯弯的弓形，下端细细尖尖，具有划拉和切割地表的功能。

别小看了这些分布得有些密集的、不起眼的甚或因淋了雨根部有了陈年锈痕的耙齿，它们一旦被运作起来，那功效大得叫人佩服。

那是一个雨后的下午，因生产队里的播种任务太紧，来不及把一片因荒废了二三年而长满了杂草的土地细细犁上一遍，就要赶在天黑前种上小麦。生产队长和几个农事经验丰富的老者一商量，就调来了生产队里的六头大头牯，有两匹马四头骡子，套上三套木耙准备突击疏松那片荒地了。

一般情况下，耙地是用队里的那十几头毛驴的，两头驴套一架木耙，在刚刚犁过的地里一来一回地耙上两三遍。① 比起牛来，驴儿的身子要相对轻一些，在松软的土地上拉耙并不十分吃力。

牛则不然，沉重笨拙的身躯和它缓慢从容的性格，决定了它不大适合在松软的土地上拉耙。再说了那四只硕大而笨重的蹄子也不可以在刚刚犁过的地里踩踩踏踏，那相当于在土地上不时地打夯呀！② 牛可以耙地，是冬天里天寒地冻时在麦地里耙麦，那可是疏通地表让地气欢快地流动，把沉睡的麦苗儿梳理梳理，把麦地里那些不识趣的大小土疙瘩破一破，粉碎一下。

能把马儿和骡子这些高高大大的、在生产队的牲口群体里属于贵族一类的大头牯，拉来套耙耙地，可见生产队长是怎样地重视这天的劳作。

那时候我刚刚学会犁地。在驾驭牲口的浓厚兴趣的驱使下，我们一伙刚会犁地的小青年带着十分的好奇站在荒地边观看，③亲眼看看生产队里最昂贵最值钱的威风凛凛的大头牯是怎么套耙耙地的。

有意思的是两匹马并没有被组合在一起，而是和骡子搭配起来了，可能是使唤牲口的老把式了解牲口们的秉性，比如性子的快慢，脾气的大小，谁与谁搭配起来更为和谐的诸多缘故吧。三套耙，两套是马和骡子的组合，另一套是两头骡子的组合。耙地者是平

❶ 把驴儿和牛的身体轻重情况进行对比，突出了驴儿体态轻盈，更适合在松软的土地上拉耙的优点。

❷ "欢快""沉睡"等词，采用了拟人的方式，使牛儿、麦地人格化，生动形象地写出了牛儿犁冬天板结的麦地的情态，使文章语言风趣幽默，增添了趣味性。

❸ "大头牯"是指骡、马、牛、驴等大牲口，这里用"最昂贵最值钱"来形容，起到了强调的作用，突出了这些牲口对于生产队的重要性。

101

时赶胶轮大车的三个三十岁左右的年轻人，行动快疾稳健的那一类。套好各自的耙后，他们只轻轻地低沉地吆喝一句："驾——！"大头牯们就开耙了。

① 我至今仍惊讶他们耙地时吆喝的口令和马们、骡子们对口令的极度敏感，就那么一声极短促的吆喝，似乎刚刚弹出耙地者的嘴，马们、骡子们就听到耳朵里了，条件反射一样各自抬起蹄子，跨开长腿，开始了荒园里的耙地。

耙地者手中的鞭子仅仅是一个道具，随意地可有可无地拿在手里，好像是一个驾驭牲口者就要拿杆鞭子而形成了乡村的规矩。对于这些极敏捷极灵性极容易和人沟通并且很快就能理解主人意图的骡马，说实话，鞭子是多余的，它们的自觉自律和自尊的程度，远远超过了我们的乡人，这就是它们比牛驴昂贵的地方。看到它们高大威仪的身躯，光洁漂亮的体毛和那一双双颇通人性又若有所思的美丽忧郁的大眼睛，你怎能狠心将无情的皮鞭抽打下去？即使它们有某些劳作的失误和过错。自尊的马儿或骡子如果受了不白之冤会两三天不去吃一口草料的，即使再饥饿，草料再鲜嫩，也断然不去吃，除非主人用另一种爱抚的形式去给它认错和平反。

那个下午是一个壮观的下午。三套骡马驾着三套

① 从"吆喝"入手，写耙地者用吆喝声来驱使马和骡子的场景，绘声绘色，十分具有画面感，使读者有身临其境之感。

木耙在荒废的田园里来回穿梭。如果说老牛犁地是缓缓移动的话，那么骡马们耙地则是爽快的奔跑。

① 第一遍耙过，像一把大梳子给一个久未梳洗的懒婆娘的一团散乱头发用力下了第一梳，把表皮的许多毛毛草草全梳理聚中成了几堆。地边观望的我们进地里去把成堆成堆的杂草杂物捡拾到地头的土坑里点燃沤粪，荒地立时显得干净清爽了许多。

第二遍开耙是耙齿从地皮努力往下的试探。荒园毕竟废弃了二三年光景，地表浅层还是板结得硬了许多，雨水浸润得湿润了，使得耙齿有了深入的条件。② 每一套木耙被骡马拉着从我们身边耙过时，都能清晰地听见尖利的耙齿切割土层的破碎声。耙地人的两脚踩踏着木耙，两腿却呈了弓形在不断蹬踏和使劲儿，让耙面更贴近地表，让耙齿更深入地钻进土里。在快速拉动的力的作用下，一些被埋在土里的瓦片瓷片和木棍树根居然也被锐利的耙齿尖划拉切割得断裂破碎了。被第二遍耙过的园地显然已被驯服，荒芜的样子不复存在，真正复原了一副土地的本分的模样。

第三遍开耙，已经非常顺溜了，耙齿与土地已有了一种磨合的关系，耙齿在地下只是偶尔发出那种生硬的征服性的切割声，一切都顺利得像耙在耕犁过的土地上。

❶ 运用类比的手法，用"大梳子给一个久未梳洗的懒婆娘的一团散乱头发用力下了第一梳"来类比骡马第一遍耙地的情况，非常生动形象，且充满趣味性。

❷ 采用细节描写，对耙齿切割土层的破碎声进行描写，烘托了静谧的氛围，说明"我"对第一次看到的耙地场景记忆非常深刻。

❶ 把第四遍、第五遍耙地时的木耙比作春风，生动形象地展现了此时耙地的流畅情况，与第一遍时的情景形成了鲜明的对比，突出了耙地对土层改善的重要性。

①第四遍、第五遍的耙地是悄无声息地进行着，木耙划过绵软起来的土地，就像春风拂过麦田的样子。这一遍的耙地还有修整和抚平地皮的作用，较前几遍细腻精到了几分。骡马们不似前几趟那么快捷和威猛，知人心意地缓和细致起来，步子也跨得细小绵长了……

仅仅半个后晌，这片园地已成了一片松软的熟地，当木耙就要从地角头拖开的时候，队长和几个老农来到地边，伸手探进刚耙过的地里，摸了摸，捏了捏，抬起一张张粗糙的脸来，互相点点脑袋，那意思是说："行咧，能开种啦！"

那是我第一次见识过的因时间紧迫播种任务大，以耙代耕接着播种的农事，也是我不多的几次见识过的骡马大牲口，同时拉起三套木耙快速耙地的威仪壮观的场景。

我学会耙地是在我学会犁地的两三个月以后的事情。

❷ 用"乡村的学校里先上小学后升中学"的常理来类比"先会犁地后学耙"，化抽象为具体，化陌生为熟悉，便于读者理解。

②在乡村，在掌握农活的先后顺序上，永远是先会犁地后学耙的，这成了一条不成文的规矩，就如同乡村的学校里先上小学后升中学一个道理。

我学会耙地并在之后的耙地劳作中，生产队里分配我使唤的是一头个子细细高高的秃尾巴驴儿。

平时，在农活儿不太紧张，任务不太逼人的劳作中，耙地的活儿是较为舒缓和从容的。

因为这份轻松和从容，我们耙地时，也仅需要套用一头牲口。

我的个头细细高高的，秃尾巴驴儿的身材也细细高高的，我们的劳作组合似乎是一种缘分。

① 刚刚套上秃尾巴驴儿开始耙地的那几天，总是有同伴儿们对我挤眼睛偷偷笑，我不知其故。我想，难道他们在笑我使唤的驴儿是一条少毛的秃尾巴吗？

开始用它耙地的七八天里，秃尾巴驴儿顺从听话，拉起耙来也肯下力气，可以说，是得心应手的。

七八天后的一天，② 我那时在路边的一块地里耙地。耙地一般先从靠地边的那面开耙，一来一回，再慢慢朝地心，地根耙去。靠路的那边是地边，我就赶着驴儿先从地边耙了，一来一回，就移到了地心处……忽然，秃尾巴驴儿不知是着了什么魔，扬开了四蹄加快了速度就朝靠大路的地边跑去了，差点把我闪下耙去。我赶紧拉套绳，口里大喊着"嘚儿——吁——"的停止口令，秃尾巴驴儿却不管不顾，疯了一样朝靠大路的地边跑去……

那边是已耙好的地呀，莫非这家伙倒忘记了？

我看一眼大路的前面，见有村里的穿红着绿的几个小媳妇大姑娘朝前走去，她们说说笑笑的，那红红

① 这里采用了设置悬念的方法，写同伴们见"我"赶着秃尾巴驴儿耙地时嘲笑的举动，引起了读者的好奇，为下文秃尾巴驴儿的异常行为做铺垫。

② 特别强调"那时在路边的一块地"，为秃尾巴驴儿接下来的"疯狂"行为埋下伏笔。

绿绿的衣裳在浑黄的土路和田野里很是惹眼。

❶ 运用心理描写，写"我"的疑惑和猜测，起到了引起读者思考，进一步设置悬念的效果。

① 莫非这秃尾巴驴儿也……？

怎么可能呢？

正当我胡思乱想的时候，秃尾巴驴儿拖着木耙带着耙上的我已经跑到和大路边的女人家并排且超过女人家了，这时候② 它忽然放慢了速度，像平时拉耙一样不紧不慢地走起来，好像让木耙上的我有充裕的时间仔细观看身边几步远的大姑娘小媳妇似的。

❷ 驴儿让"我"有时间慢慢看大姑娘小媳妇的举动看似给文章增加了笑料，实则反衬了下文驴儿经历的悲惨。

一连几天都是这样，只要耙作的田地在大路边上，只要路上出现了穿红戴绿的女人家，秃尾巴驴儿都快快地载着我跑到人家跟前才放慢速度。

咋回事？

我困惑地问寻几个耙地和使唤牲口的同行，他们顿了一顿，做出暧昧的表情，之后就嗬儿嗬儿地大笑起来。

秃尾巴驴儿耙地之前，曾被村里一个光棍汉疤脸儿赶着，套着平车给副庄拉水。副庄距我村十里地，属于同一个行政村，小自然村地处偏远，干旱缺水，连人吃的水也要由村里统一安排给送，村里就派疤脸儿拉水。

❸ 解释说明秃尾巴驴儿见到穿着红红绿绿衣服的姑娘们时疯狂举动的原因，突出了疤脸儿的残忍、狠辣和驴儿的可怜，表达了作者对疤脸儿的痛恨和对驴儿的深切同情。

③ 疤脸儿三十大几，因家穷和一脸的疤痕老大年岁了娶不下女人，终日又赶着这头秃尾巴驴儿拉水，

走在那条漫长单调的土路上自然寂寞难耐。土路上常常出现让他眼前一亮的风景，那就是三日五日里就出现几个红红绿绿的赶路的姑娘媳妇家，只要那一簇红色绿色在前头一出现，疤脸儿就狠狠地鞭打毛驴儿，让它快快赶、快快跑，追上前头的那团红绿色。

疤脸催赶毛驴的办法很多，除了挥鞭抽打外，还有又狠又绝的两招儿，一是拿鞭子把用力去杵毛驴胯骨，那地方敏感脆弱，不经杵，一杵一戳，毛驴不跑不由它；二是一根一根用手去拽毛驴的那条尾巴上的毛，那是一种难挨的痒痛，毛驴受不了，就奋蹄疾跑开来。

只要跑到那一簇红红绿绿的跟前，疤脸会让减下速度的，就那么不紧不慢地走着，为的是贪贪地去瞅去瞄眼前的女人家，让饥渴的眼窝过一把艳福，让干旱的心灵受一些抚慰。

毛驴儿就怕疤脸儿的鞭打把杵拔尾巴毛，时日长了，只要眼面有了穿红着绿说说笑笑的女性，便自觉地、条件反射地疾跑起来，直到追赶上女人家才放慢四蹄。

说也怪，如果前面是三五个弓腰驼背咳嗽气短的老汉家，或是其他男人家，毛驴儿也绝不会加速追赶的，毛驴儿在鞭打和拔毛的痛苦下，增长了一些判断力，它首先是从衣着的色彩上去界定的，二是从说笑的声音里去推断的，还有，可能是从气味上去鉴别的，毕竟，女人和男人的气味是不尽相同的。

尽管这样，毛驴还是挨了疤脸的许多打。① 据说，它的那条秃尾巴也是让疤脸给拽拔成现今这样的。

秃尾巴驴儿的条件反射给我的耙地活计多多少少带来一些麻烦。

它没有忘记昔日里所遭受的那些苦痛，但它却不知道如今更换了活计，更重要的是更换了使唤它的主人。我虽年少，但我不会用鞭把子杵它，更不会为了能看到女人而狠命拔它的尾巴毛。

我尽可能多地给它一些关怀，耙地的步子慢了，我吆喝一声，高扬了皮鞭，却不把鞭子落在它身上，唬它一下；半晌歇歇时，除了给它拔些可口的青草外，我用一把小铁刷给它梳理腰腹上、胯臀上的灰毛。耙地是驴拉了木耙给土地梳理，那我就理应也给辛苦的驴子梳理梳理。这样很快和秃尾巴驴儿建立起了感情。

我一点点纠正秃尾巴驴儿以前给造成的条件反射。

首先，如果在靠近大路的地里耙时，我就时刻留意着前面。人蹬在木耙上，眼光扫一下左前方或右前方的路上，看有无行人，看行人里有无着花衣的女

① 解说驴儿尾巴变秃的原因，再次突出疤脸儿的残忍、可恨，为下文"我"同情并且善待驴儿的内容做铺垫。

子，如果有，我早早喊一声吁——① 先发制驴，等着前方的女人家走远了，拐了弯儿，消失在视野的尽头了，或者，等迎面过来的人走了过去，我才驱驴儿开耙。

再一个举动我以为是一个绝招儿，多年后想起来我还为当时能想起这一绝招来而沾沾自喜。

我把秃尾巴驴的"追女"状况给妇女队长说了，并恳切地请求她的帮忙。妇女队长是我村大寨铁姑娘战斗队的成员，风风火火，热情泼辣，她听罢也好奇地一笑，于当天下午带我一块耙地。

妇女队长结结实实的身材，这天穿了一件火红的上衣，煞是惹眼。

她一进到我耙地的这片地里，② 秃尾巴驴儿显然有些无所适从，那双大大的驴眼里一时间网满了困惑。这次不是它主动地去追赶女人，是穿了红衣服的女人直接来到了它身边，并且抓住了它的牵绳，我蹬着耙，妇女队长牵着驴，一直就耙了半后晌的地。歇歇儿之后，妇女队长不去牵驴儿了，而是拿了一把钢锨在这块地的地堎上铲草，她的良苦用心是看看毛驴还朝她这里跑不。不跑，这毛驴儿的毛病算是初步治愈了，还朝她跑，那么再作打算。再次开耙时，秃尾巴驴儿看到那一团儿火红就在不远的堎根下铲草，它还是犹犹豫豫了一会儿，见我，驾驭它的主人一如往常一样地悠

❶ 化用"先发制人"的成语，用"先发制驴"一词来体现"我"的聪明，增添了文章语言的趣味性。

❷ 对驴儿的神态进行描写，"困惑"突出了驴儿见到穿红衣服女人主动走向自己时不知所措的样子，同时也说明驴儿具有灵性，人应该善待驴儿。

悠地耙着，没有鞭它，没有杵它，更没有拔它尾巴上的毛……毛驴儿就沉下脑袋，静下心来，一门心思老老实实拉它的木耙了。

以后，在我赶它耙地的那些日子里，秃尾巴早已没有了那个毛病，像生产队里其他老实本分的驴儿一样，该静则静，该动便动。

① 不要以为耙地的活计就像木耙梳过地面那么平坦那么平静，无惊无险，洒脱悠然。有一种耙地就充满了惊险和刺激，那可是对耙者本人的挑战，对驾驭的木耙和木耙下土地的挑战。

熟悉乡村生活的人，就不会陌生拖拉机耕地的场景，知道拖拉机耕地但不一定清楚那硕大凌厉的双铧后面再拖带一套普通的木耙。

木耙上自然要蹬踏一个耙者的，那都是清一色的年轻人，② 没有力量没有胆量没有耙地经验者是不敢轻易蹬上这种拖拉机拖带的木耙的。

③ 我敢，我就敢。

细细高高的我对干这类略有技术含量的农活儿是很有一些悟性的，长辈教一教，自个儿想一想，试着干一干就会了，就掌握了，就敢干了。有巧劲儿也得有勇气，而对于在拖拉机后带耙耙地，唯一的缺憾是我的身子有些轻，如果再高大胖重一些，就容易把木耙压住，不会

---

❶ 本段文字起到了承上启下的作用，承接前文简单的耙地，引出下文拖拉机耕地需要人踩在木耙的特殊的耙地方式，使话题自然过渡。

❷ 三个"没有"起到了突出强调的效果，即能够在拖拉机耕地时蹬在木耙上的人需要力量、胆量和经验，为下文"我"能够胜任这份工作时自豪的心情做铺垫。

❸ 短句的运用增强了节奏感和感染力，突出了"我"敢上木耙的勇气，连续两个"敢"实际上也是自我鼓励。

因为拖拉机巨大的拉拖力量拽得木耙荡起来，飘起来，同时也容易破碎土块，摊平松土的。

故而，在乡村，在乡村广袤的田野上，你会常常看到这样一种现象：在耙地的木耙中间，在耙者蹬脚的空隙里，有时候还会压上一块重重的石头，那就是增加木耙的压力，使耙齿深入地刺进土壤，使耙的木棱更有力地撞击土块、摊平松土。

拖拉机后面拖拽的木耙是万万不敢绑一块石头的，即使耙地人的身骨再轻也不行，因为被拽拉的速度太快，怕万一碰撞一下伤了人。

①我蹬上木耙是带了一股豪气的，这种豪气里带有小青年的猎奇和征服的欲望，当然，还有在乡人面前的那一些渐渐膨胀了的虚荣心。

在父辈和同伴们的叮嘱声里，我咬咬后牙根子，带了些激动踏上了木耙。同以往牲口耕地不同的是，木耙距拖拉机和其后的高大的双铧犁有了一段距离，所以两条坚实的牵绳就长了很多。蹬在木耙上，两腿用力踏着，像两根钉子钉在耙上一样，两手紧紧拉着粗壮的牵绳。牵绳是用来平衡耙者同木耙和拖拉机之间的关系的，要随了木耙的游移抖动和颠簸来决定捏牵绳的松紧。

拖拉机在隆隆的轰鸣声中启动了，一缕黑烟突

❶ "豪气"在这里指有英雄气概的意思，体现了"我"第一次蹬木耙时的英武豪迈，甚至有点自以为了不起的心理，既符合青年人争强好胜的心理，又突出了蹬木耙工作难度之大。

111

突突喷上苍天，倏忽中，我踩踏的木耙被飞快地带动起来……那会儿我看不见拖拉机是如何前行的，我只能看到眼前那两只大钢铧一下就深深地不由分说地刺进土壤里，那深度没有二尺也有尺五，<u>①就如同在电影里看到的小型舰艇一下子钻进大海里一样。</u>紧接着，源源不断的绵土的浪花被翻涌上来了，湿润的新土带着土壤里特有的土腥味儿和着一层薄薄的气雾在阳光下蒸腾。那土呀，不是被翻上来的，是一涌一涌一浪一浪向我扑面而来的，因为在木耙上，我只能产生那样的感觉。<u>②我不像在耙地，倒像一个初驾小船的人在海浪上颠簸，我正是驾驭着一套木耙，在黄土地的海洋里颠簸着。</u>不过，刚开始的那会儿，不是我驾驭木耙，是木耙载着我，直愣愣地，胆战心惊地在木耙上呆若木鸡。我只觉得耳边呼呼生风，只觉得黄土的波涛时高时低，只觉得一会儿陷进低凹处，一会儿又跃上土峰顶。几个来回过后，我才渐渐适应了这种断然不同于以往耙地的速度，头脑也变得清醒了许多，胆量也一点一点大起来。少顷，我会随着拖拉机耙地的节奏，双腿在木耙上用力不同轻重有别地蹬踏，用力踏木耙下土偏高的一面，让木耙的木棱把松松的绵土推到相对低凹的另一边。不多时，我又学会了兜耙，或者说我在快速移动的木耙上敢用手去兜耙了。

① 采用类比的手法，用"小型舰艇一下子钻进大海里"来类比两只大钢铧刺进土壤里的场景，突出了木耙钢钉插进土壤时又快又深的特点，化陌生为熟悉，加深了读者印象。

② 想象自己像初驾小船的人在海浪上颠簸，体现了"我"蹬在木耙上跟着拖拉机飞速前进时的感受，说明这样的感觉如同做梦，非常虚幻，间接突出了这项工作的危险。

① 兜耙是在身体不失衡的前提下，将木耙的前端或后端一下子兜起来，甩开耙齿中间聚集起来的一团团杂草杂物和坚硬的瓦片土块。

双铧犁果真厉害，一前一后，前铧刚把犁土翻过去，后铧紧随其后又翻开一片新土。双铧与耕机有螺丝固定，当然又具有灵活性，吃土可宽可窄，犁沟可大可小，后铧犁过，新土新崭崭翻到了右边，看见的左边，立时便出现了一条尺把宽尺五深的土渠，当然，等拖拉机返回来，土渠随之又被新土填充和覆盖了……

那些年，抓革命，促生产。生产任务实在逼紧了，而队里的骡马牛驴们又忙不过来，队委会就会花了油钱花了工钱雇用本村或邻村的拖拉机，机子耕地的深与快是牲口耕地所无法相比的。不过，拖拉机只能在又大又平坦的土地里开耕，拖拉机的四只大轮子也一来一回碾轧着土地，机耕过的土地造成了新的不平整，因双铧吃土的宽厚耕出的大土坷垃也相对要多。这是机耕的弱点，这些缺点要靠木耙一点一点去修复和完善。机后拖耙只能耙一个大概，耕完一块地要出动许多牲口和耙具，再如同以往一样细细地耙，慢慢地耱。

在我劳动的那个年头里，队里雇了拖拉机耕地只有春季和秋季两次，春季里，我才刚刚学会了犁地，

❶ 讲解兜耙的操作方法，便于读者理解，突出了"我"丰富的干农活的经验。

❶ 使用"如果……那么……"这一组关联词，形成长句，使句子更加流畅自然，具有形式美，同时增强了气势和感染力，突出了"我"驾驭牲口耙地和机耕后踩耙的感悟，给人留下了深刻的印象。

❷ "定格"本指某个活动画面突然停止不动，这里指"耙地的日子"如同停止的画面永远留在"我"的心中，表达了"我"对这段日子的想念之情。

还没有资格学耙地，更不敢奢望在拖拉机的双铧犁后面套耙耙地。到了秋季，境况不同了，我有了蹬耙踩耙的自信和胆量。我有幸在机耕后套耙耙地，虽然只有短暂的三天两后晌，而且是和其他小伙子换班踩耙，但那种体验和感觉让我时时忆及且终生难忘。① 如果说驾驭牲口耙地是培养如我等年纪的耙者的一种细腻、人性、周全的性情的话，那么机耕后的踩耙则是历练耙者的勇气、胆识和毅力的，它充满了阳刚的惊险和挑战。在牛驴骡马耕地耙地的劳作中，我感受到的，是中国几千年农耕文明的悠然和古老，是不慌不忙的从容中的温馨和自信，是带有田园牧歌式的恬淡中的无为和忍耐；而在短暂的机耕拖耙的那几天里，确实让我看到了什么是速度，什么是效率，什么是庞然大物以及它所营造的一个小青年眼里的奇迹，还有它钢铁的冷漠生硬和严峻。

② 耙地的日子毕竟成了记忆，定格在对往昔的念想里。耙地却教会了我除了劳作之外生活的另一些课题。如果说犁地是一种大刀阔斧的垦荒和开拓的话，那耙地是必不可少的后续步骤，是修复和有条不紊的梳理；犁地带有创造的遒劲和壮美，而耙地则有完善的细腻和阴柔之美，这如同轰轰烈烈打天下和一丝不苟搞治理是一个道理。你看，很简单的犁地耙地的农

事活计，却让我毫无节制地引申和演绎出所谓许多感
怀，絮絮叨叨，看来需要驾驭一套理性的木耙，把我
的思维好好地像耙地一样耙一耙耱一耱梳理梳理了。

延伸思考

1.作者为什么说马和骡子比牛、驴更加昂贵？根据文章内容，用自己的
话回答。

_____

_____

2."我一点点纠正秃尾巴驴儿以前给造成的条件反射"一句中的"条件
反射"具体指什么？请简要回答。

_____

_____

3."看到它们高大威仪的身躯，光洁漂亮的体毛和那一双双颇通人性又
若有所思的美丽忧郁的大眼睛，你怎能狠心将无情的皮鞭抽打下去？"中的
"你"指谁？这句话运用了什么手法，有什么作用？

_____

_____

犁　地

名师导读▶

　　犁地本是艰辛而枯燥的事，但在作者眼里，犁地却变成了轻松惬意的活计。本文记述了作者年轻时对犁地充满好奇心，然后学习犁地，并且克服困难成为犁地好手的经历，同时讲述了"我"与耕牛之间的故事。文章不但体现了"我"年轻时勤奋好学的性格特点，而且表达了"我"对土地的敬畏之情，同时也引出了人与动物和谐相处的主题，令人深思。

❶ "轻松""惬意"两个词语写出了小青年眼中的犁地是非常美好的事情，引起读者的阅读兴趣。

　　① 在小青年的眼里，犁地可是又轻松又惬意的活计。

　　老牛踩着犁沟，就那么不慌不忙低沉着脑袋，一点一点地朝前走着，犁地的人手扶了犁把，那是轻轻地扶着，或是手握着犁把顶端那圆润的发光泛滑的一片儿，不经意地握着，任由那头老实的黄牛牵带着木犁，木犁又牵带着犁地的人，在长长的地畛里走动，一来一回……

　　好多次，在地心里，我看到犁地者扶着犁把慢腾腾地走着，走着走着，居然响起了鼾声，看他的口角，拉下一条长长的亮亮的口水，忙看前头慢走着的老牛，牛的口鼻里也混合着悬吊几条粗粗壮壮的鼻涕口水，正好与犁者的那条遥相呼应。

那时候我就想，敢情犁地这活计还能忙里偷闲美美地打一半个小盹儿的……

我学会犁地是十六岁那年。

准确地说，我们这一伙小青年是集体学会犁地的。

十六岁的我细细高高，乍一看，像是一个大人了，细瞅，还是娃娃十分嫩面的脸，娃娃十分嫩弱的骨架。这样的年纪和这样的身骨，在生产队里是不会挣到全劳力工分的，顶多是多半个劳力。

①全劳力是十个工分，活计自然是村里粗重的活计和有技术含量的活计，出圈担粪，摇耧种麦，割麦锄地，翻地打垄，割玉茭秆，拔棉花秆……苦累不说了，还得有一把好力气。

半大小子的我们不可以独当一面，但常常能成为全劳力的左膀右臂，全劳力出圈，我们可以往出运粪；全劳力割麦，我们可以捆麦个子；全劳力拍垱打垄，我们可以给他们供应新土；全劳力大汗淋淋拔棉花秆，我们可以把拔下的棉花秆子一捆一捆拉到秋场上；全劳力摇耧种麦，我们可以给他们牵马牵驴牵骡子……

❶ 这段内容介绍了生产队里全劳力的活计，不仅是有技术含量的活儿，还得有好力气，这是"我们这些半大小子"非常羡慕的。

❶ "出息"和"风光"两个词语写出了"我们这些半大小子"都希望成为一个全劳力，以彰显自己的本领，体现了农村小伙子们朴实可爱的性格特点。

❷ "望尘莫及"指望得见走在前面的人带起的尘土却不能追上，形容远远地落在后面。文中指"我们这些半大小子"跟全劳力在活计上还有很大的差距，体现了我们对前辈们的羡慕和自愧不如的心情。

① 在我们眼里，当一个全劳力，才是出息和风光的事情。

村里常见的犁地和耙地活计往往和我们毛手毛脚的半大小子无缘，那一般是老成持重的中老年人的营生，那活计有些技术性，有些驾驭性，虽挣不到全劳力的工分，我们却常常 ② 望尘莫及。

学犁地是一个十分偶然的机会。

我们一伙十几个半大小子，一下子都有了学犁地的机会。

这个机会的到来让我们都有些措手不及。

那是个大中午的天气，是秋季还是春季？记忆里已模糊不清了，但大中午的太阳吊在空旷的天上，土黄色的地垄边点缀着不少人，那一刻让我永远牢记。

生产队长和分管牲口的贫协组长产生了严重的分歧。

生产队长年轻气盛，大队和公社下达的生产任务一拖再拖，就是不能按时完成，他心里火急！贫协组长老年稳重，他分管着犁地耙地的这一班中老年，大田不能按时耕完，是任务太急活儿太重了，总不能把牲口们朝死里使唤吧？！

生产队长和贫协组长就对峙在互不相让的大中午的日头下面，还是队长权力大，他沉思了一会儿，果决地把手从空中一劈，僵持被打破了。

头牯还是那一群头牯，关键是什么人使唤它们，

①慢性子的中老年使唤它们，它们就慢慢腾腾拖拖拉拉，一头头一条条都养成了慢性子！让咱队里这一帮小青年使唤它们，它们就热火朝天快马加鞭了——

生产队长就是这时候宣布了让我们这伙小青年从后响起套牛犁地的！

兴奋、刺激、不安、激动一时间罩着十几张少年的脸,我们跃跃欲试又心里无底,真想美美地大干一番,又有些②老虎吃天没法子下手。

那一群使唤了多年牲口的中老年被安排干其他活了,不过,在两天之内教会我们犁地的所有路数也算是他们的一项任务。

看着别人犁地时那么惬意和自在,真正让自个儿操作起来,谈何容易?

别看粗粗笨笨的老黄牛,它可是个有灵性的牲口,它和使唤它驾驭它的人有一个磨合的过程,相互了解的过程,最终才可以达到默契的程度。

我哪里知道这些?那根象征着权力或是暴力的皮鞭一握在手里,③我就滋生了统治的欲望,手心里痒痒着,右手刚刚握住犁把,左手就迫不及待地挥鞭过去,啪——一下抽打在老牛的胯骨上。

那些年人吃不饱,牲口的草料也不足,牛啊驴啊一头头一条条瘦骨嶙峋的。一鞭子打下去,那可是打

❶ 运用对比的手法,头牯在中老年人使唤下是慢慢腾腾拖拖拉拉;在小青年的使唤下就干得热火朝天,展现了年轻人朝气蓬勃的精神面貌。

❷ "老虎吃天没法子下手"意思是无从下手。在文中指这些年轻人想在地里大干一场,却又不知道从什么地方下手,体现了"我"因激动而不知所措的心情。

❸ "刚刚""迫不及待"两个词写出了"我"刚拿起象征权力的皮鞭,就要行使自己的权力,但却忽略了任何事情都有一个磨合的过程,体现了"我"急切的心理。

在骨头上啊！我清晰地看到一鞭抽打下去老牛胯骨上稀疏的黄毛儿中间出现了一道白印儿，有白花花雪片一样的皮屑被打得四散飘去。老牛被这重重的一鞭打得莫名其妙，^①无辜挨打的恼怒使它在那一刻里紧紧夹住了那一条秃尾巴，两只牛眼瞪得滚圆，在我毫不留意的时候它一下子拖着犁铧就顺着地垄胡乱地却飞快地跑着，那张大铁犁早已倒在地上被老牛拖曳着，犁头深深浅浅划拉着地。

❶ 运用了细节描写，无缘无故挨打的老牛用"夹住尾巴"和"牛眼瞪圆"来表示反抗，既写出了老牛的灵性，也为下文中老牛的飞快拉犁做了铺垫。

教我学犁地的田伯这时也慌了手脚，他没料到我那一鞭子会把老牛打得疯跑起来。在村里，在我们队里，以前也有过类似事件，那可是非常危险的事情。有时疯跑起来的牛带动得身后的犁铧也颠蹦起来，一来二去，犁铧的刀面就碰撞切割着牛的两条后腿，感到疼痛的牛就越跑得快起来，而犁铧也一下一下越来越频繁地撞击切割着牛的后腿，情形严重的时候，会把牛的两只后腿毁掉的……

田伯的一张黑黑的脸子早已吓得蜡黄起来，他飞跑着去追赶黄牛，深一脚浅一脚踩踏着犁过的和没有犁过的土地，一只方口布鞋掉在犁沟里也浑然不觉。

还好，在跑了半畛子地后田伯终于牵住了牛笼头，后面的犁铧也侥幸没有碰破老牛后腿。我赶过去时，老牛口里喷着白沫正吁吁大喘，而田伯的一张脸子，由于后怕蜡黄得发起白来。

事后我才明白，牛啊驴啊这些被人使唤的头牯断然是不可以随意鞭打它们的。你打得有理由，比如牲口偷懒了，该快着赶活计的时候它们却慢慢腾腾，驾车上坡时到半坡里不愿使劲拉车了，这时候你挥鞭打它，它认，它觉得你打得有理；比如偷吃了，干活时或走路时它不老实，探出脑袋张开大嘴偷吃路边的庄禾，这时候你打，它不会闹情绪的，它知道它做了理亏的事情，挨打是应该的。

更多的时候，挥鞭打牲口是象征性的，带有吓唬的意思，鞭子高高地抡起来，却轻轻地落下去，起到个震慑作用和警示作用。牲口都有属于自己的思维，它也在揣摸着人的举动和人的语言。你有打它的动作，它心里就怯了几分，你有骂它的言语，它行为就收敛了几分，效果到了才是目的啊！

①还有一种打法是对牲口喜欢的一种表达，口里吆喝一声，手里的鞭儿就在它的腰脊上空和胯背上空轻轻兜一下，兜出一个脆脆亮亮的炸鞭声，让空旷的田野里不再单调，或者鞭身鞭梢轻轻落在牲口的皮毛上，像朋友之间拍打着肩膀一样，牲口能体会到是主人对它的一种抚爱的方式，心里就增加几分踏实，埋下脑袋，踏踏实实地干它该干的活计。

❶虽然在犁地的过程中，牛要听人的使唤，但是牛在与人长时间的相处中，会逐渐体会到人对它的关爱，可见牛具有灵性，体现了作者对牛的喜爱，并且希望人们能够关爱牛的情感。

还有一个最容易被人忽略的细节，那就是牲口在干活中的大小便问题。乡村里有一句俗话：老牛上坡，屎尿怪多。一般是指老牛拉着车上坡时的情状。坡陡车重，鞭杆在身后猛催，老牛费劲拉着往往就蠕动屁股，啪——啪——地拉出几团儿牛粪来，鞭子抽打得狠了，老牛用劲狠了，拉出的粪便也稀稀拉拉不成个形状。这时候赶车人也得发狠，无论如何不能让老牛停下来。驾驭者口里喷着唾沫星子，大声吆喝着，底气饱满得像放三眼铳，一是要老牛惧怕，惧怕赶车人的威严，节骨眼上是不能发软退坡的，退下坡去，那后果将不堪设想。二是鼓励老牛要有一气拉车上到坡顶的信心。这样，吆喝声在身后催促着，鞭梢声在空中炸响着，①老牛埋了脑袋四蹄紧绷，夹起尾巴，双眼瞪得响铃一般又圆又大，粗大的鼻孔里扑——扑——地喷着白色的雾气，便有了一股不上坡顶不罢休的气势……

犁地没驾车上坡那么紧张，更没那份险要，犁地要平缓得多，从容得多。在这种悠然里，拉犁的老牛自然也免不了要屙尿，犁着犁着，老牛的尾巴就翘了起来，屁股上的那一团嫩红的皮肉便慢慢蠕动几下。这时候，你不喊停下来的口令，牛是断然不敢停下步子的，只有边拉犁边屙尿了。②其实犁地这活儿并不在乎这一会儿工夫，应该低沉而亲切地喊一声吁——

❶ "埋""夹起""瞪得"和"喷着"一系列的动词写出了老牛在上坡过程中费力拉车的景象，同时也让人感受到老牛身上那种不服输的精神。

❷ 牛在犁地过程中，如果遇到屙尿的问题，对于人类而言，要体贴地让牛停下来，只有让牛感受到人类的关怀，牛才会卖力地干活。其实这个道理也适用于人与人的相处中。

让牛停下来，看它蠕动之后的屁股徐徐张开来，粉红色的肉皮裹挟着深黄色的牛粪，一点一点排出，接着就一团儿一团儿掉下来，落进犁铧下的泥土里。

牛粪不同于骡马粪，骡马驴的粪便，形状方方圆圆小小巧巧的，外表光滑，里面却粗糙，农人说，^①驴马粪蛋儿，外面光，不知道里面多窝囊。这里的窝囊是指粗糙得乱七八糟。骡马们吃草料不及牛的细致，在场院里或地头上，只要歇息下来，卧着的牛们就会反刍腹中的草料，牙嚼嘴动着，白白的细腻的沫液在嘴边悬吊。

这是牛们悠闲幸福的时光，反刍着草料，整合着食物，重新体味着进食的愉悦。这样，牛粪就细腻得讲究起来，容不得一点的大意和粗糙。牛粪的形状也异于骡马，憨憨厚厚的，一团儿一团儿堆积起来，条纹优美，结构大方，如同刚出笼的一枚又一枚花卷儿馍的组合。牛粪的排量也大，三四斤甚至五六斤。有时候在通往田野的路上，看见那一堆壮观的牛粪，农人们会弯下腰来，深情地用锨把它移到麦田里去的。

^②掉到犁铧下新土里面的牛粪，欢快地蒸腾一大团儿一大团儿的白气，雾气里便有了草料的味道，有了牛体的味道，有了土腥的味道，还混合着田野里草木禾苗的味道……

故而在牛们排粪的时候，最好停下犁地，让它从

❶ "驴马粪蛋儿，外面光"是一句俗语，在文中是它的本义，它还可以形容一个人中看不中用，徒有外表，没有真才实学。

❷ 这段写牛粪离开牛的身体，落到土地的过程，因为牛是食草动物，所以牛粪里面掺和着草木的味道。而牛粪落到土地里，就成为滋养庄稼的养料，这样周而复始，完成了万物的繁衍生息。

容舒缓心态平静地进行完排泄的程序，让它体验或者说享受这一点可怜的排泄的快感，然后身心轻松地投入繁重的拉犁活计。

牛是颇通人性的牲口，多次我停下脚步扶着犁把，等它排粪完毕，又给它整理缰绳的时候，我看到那两只大大的牛眼里水汪汪的，流露着感激的柔情，在接下来的活计里几乎不用催促，① 它就知道该怎样拉犁，怎样占据犁沟的位置，怎样在地角头拐弯和回返，听话顺从得像今天的家养宠物。它是用下死劲的劳作来回报我对它的那一点好呢！

在那短短的两天时间里，我从田伯那里学会了使唤牲口的所有口令，如朝左走、朝右拐、朝前赶、向后退、停下来等一应口令，并付诸犁地当中，② 懂得了粗犁和细犁的把握，知道了粗犁是把犁铧搭得宽阔，细犁则把犁铧搭得窄细，什么季节里面对什么样的土质，即将种什么庄稼需要粗犁，什么季节里需要细犁，山坡地和平坦地的搭犁粗细就不同，对播种小麦和点种玉茭的地，搭犁的粗细也不一样，还有，熟土地和生土地，单茬地和回茬地犁地的粗细也各有异……按理说，无论山地平地，无论春种秋播，无论土质肥瘦，无论复茬单茬，犁地都应该细致搭犁，细细疏松土壤的。可是，生产队里的牲口是有限的，大头牯（这里指骡子马）一般要驾胶

① 一连用了三个"怎样＋动词"的句子，构成了一组排比句，使句子一气呵成，增强了气势和感染力，有力地突出了老牛的灵性，引发读者思考。

② 这段介绍了犁地的具体情况，看似简单的犁地在熟练的庄稼人眼里，还可以细分成不同的种类。表现了庄稼人对土地的敬畏之情。

轮车负责生产队里比较重要的运送任务，如给公社的粮店送麦子和玉米，给棉站拉运籽棉，到城里买回牲口们吃的麻饼和豆饼，还有从田地里往谷场上拉高粱、玉菱、豆子、糜子、棉花秆、绿豆蔓等。犁地耙地这些粗笨的活计，就落在牛们驴们的身上了，如果对每一片地都细细地犁一遍，是万万犁不过来的，犁不过来不说了，还怕误了节令，耽误了播种可是天大的事情。

①那几天不仅仅学会了搭犁的粗细和深浅，扶犁的要令和技巧，速度的快慢和节奏。更重要的是学会了如何爱惜牲口，使得牲口听从人的旨意，并且尽量达到牛、犁、地、人四位一体的最高犁地境界。那不仅仅是一个老农大半生的农事经验，也是他对牲口对土地对农耕理解的层面。

②那两天里我像一头敏感的驴子一样，高高地耸起我的两只耳朵，用耳朵用心灵，认真听取田伯的每一句话，每一个经验的片断，每一个不连贯的情节。那两天里，田伯的话关乎着我能不能学会犁地并且犁好地，这在一定意义上关乎着我的饭碗和一个小青年的名誉与自尊！我心里自然有数。

等到田伯不再跟在身后，不再嚅动着嘴巴，不再喷溅着白白的唾沫星子絮絮叨叨的时候，我已经能一人扶着犁把，赶着老牛独自犁地了。我知道在这两三天时间

❶ 运用了"不仅仅……更……"递进复句，写出了我在几天里的收获。一方面学会农活儿，另一方面领悟到犁地的最高境界。

❷ 运用比喻的修辞，将作者比作一头敏感的驴子，高高地张着两只耳朵，生动形象地写出来作者每天集中注意力听着田伯的每句话，体现了作者的勤奋好学。

125

里，我初步和我驾驭的老牛建立了一些薄薄的感情，我小心翼翼地做着每一个动作。老牛也听话地给我一些些面子，这样，我或粗或细地按要求搭着犁铧，在尖尖的犁尖儿即将接触地表的时候，我探出右脚，使劲踩踏一下犁铧的上棱儿，犁铧就趁势吃进了土里，只轻轻吆喝一声：驾——！黄牛就蹬开四蹄，埋下脑袋使劲一拉，两条边绳早已绷得紧紧的，直直的，力量正作用于边绳并通过边绳传递到笨重的木犁上，木犁就乖乖地被牵着被拉着，在浑黄的土地上沉重地移动。

❶ "我能清晰地听见……我还清晰地听见……"两句，写出我在学犁地的过程中，不仅掌握了犁地这门技术，还能听见土地的声音，达到了人和土地一体的境界。

① 我能清晰地听见犁尖刺破硬土的那独有的声响，那原本清脆利落的声响，穿过了紧接着的松土的覆盖，变得有些沉闷和木讷了，我还清晰地听见犁刃切割土壤中的草禾根须和蚯蚓身段的噌噌的尖锐声，那声音果断干脆，绝不拖泥带水，有一种斩杀的快意，还有开垦的悲壮，在这种快意和悲壮的音响里，蕴藏在地下的新土被翻卷上来了，被颠覆一下，移动了位置。人常说人挪活树移死，这土被调动移动一下也活泛起来了，② 新土像源源不断的浪花，在犁铧的作用下翻卷着，奔涌着，体验着被倒腾的欢快。

❷ 运用比喻的修辞手法，把移动的土地比作翻卷奔涌的浪花，生动形象地写出了土地在犁铧的作用下上下翻动的样子。

上午的半前晌和下午的半后晌，是犁地者歇歇儿的时辰,其实是让牛们驴们歇歇儿哩。扶犁的人并不累，特别是学会了驾驭牛驴掌握了犁地的要领之后，犁地在农活儿中还真是一件美差。以前，在我们一伙小青年舞动着手中的榔头在地里敲打土疙瘩的时候，在我们跟在犁者身后朝崭新的犁沟里撒粪施肥或点种籽粒的时候，在我们忙忙碌碌在耕过或耙过的地里捡拾玉茭根棉花根大麻根糜子根的时候，我们或远或近地看到犁地的大伯们悠悠然然地扶着犁把，眯缝着眼窝，嘴里哼唱着眉户或蒲剧小调儿的时候，我们的羡慕和神往真是难以描摹。歇歇儿的时候，那可真是莫大的享受，大伯们围坐成一个松散的半圆，掂着旱烟袋锅子，吧嗒吧嗒地吸着，喷吐着乳白的苍蓝的烟雾，谈论着日月的漫长和生计的琐碎……

我们小青年是不存在歇歇儿一说的，腿脚麻利的我们快快地下沟爬坡，各自麻利地弄来一大团鲜鲜嫩嫩的野草儿，当然是牛驴们极喜吃的野草儿啦，野苜蓿、蒲冬果、灰条草、羊肚芽、甜苣苣芽。当然，春天的草和秋天的草类别还是不同的。当我们急切地把嫩绿的野草放在各自驾驭的牛、驴面前时，头牲们原本就大的眼睛瞪得圆溜了，迸出贪馋亢奋的光点，探下脑袋大口大口地吃起来，饟起来，不管不顾的样子，①却把一条条或秃或毛的尾巴悠悠地荡来甩去，抒发着进食的愉悦，表达着对主人的感激……

时间不长，我和老牛，我们小青年和自己使唤的

❶ 运用拟人的修辞手法，"抒发""表达"等词赋予牛以人的情感，生动形象地写出了牛在吃到鲜嫩的野草时的情态，表达了"我"对牛的喜爱之情。

127

头牯们都建立了不薄的感情，最起码相互间也有了认可度和信任度。在这种基础上，我们驱使牲口干活拉犁，牛们驴们是顺从的，听话的。特别是我们利用歇歇儿时间不辞辛苦给它们寻来可口的鲜草儿，这在中老年的爷爷伯伯们使唤它们时是绝对没有的事情。时间长了，牲口们好像也悟出了这种事情的不容易，便用起劲的干活儿，起码是不偷懒的劳作来回报我们。^①是的，牲口是有灵性的，似乎懂一些简单的道理，用卖力地拉犁来回报我们。

田野的风徐徐地吹着，掠起一伙儿犁地少年的散乱的头发和不周正的衣衫，飘飘荡荡的衣衫就成了那时候田野里一面面灰色的旗帜。蓝天、白云，远天远地，右手扶了犁杖，左手扬着皮鞭儿，一趟一趟地犁地，我们便走成了田野里的风景。

正如生产队长所预料，我们一旦掌握了犁地的技巧，犁地的速度和效益大大地快于以前的大伯们，每个季节都提前完成了耕作的任务，我们也一次次得到了生产队长的表扬。

那时候，小青年们的一张张脸子都如同我一样泛着饥饿的青黄，但常常有兴奋的红晕在上面燃烧。那是初涉生活的第一步即被肯定的少年的自尊，是对生活猎奇和好奇心的满足。我们刚刚学会了犁地，并不知道生活

❶ 牛是有灵性的，在与小青年的相处中，因为时常吃到小青年为它们摘到的鲜嫩野草，所以会卖力地干活，人与牛和谐的相处方式体现了人类最朴素的情感。

的犁铧在我们人生的沃野上刚刚开始了耕耘和开垦，以后将还有大片大片的生活荒野等着我们去插犁去开耕！我们刚刚学会了驾驭和使唤牲口，并不知道在往后漫长的岁月里，还要学会被别人驾驭抑或也要学会驾驭别人，这也是服从与领导的一种辩证。可喜的是那时的我们什么也没想，稀里糊涂冒冒失失就开始了人生的第一犁，① 看着一片崭新的湿土翻卷上来，并且有乳白的地气悠扬地朝空里蒸发，心里那种舒坦真是无以言表，嗅着浓浓的泥土散发的泥腥和馨香的气味，我就从心底里对养育我们的土地有了深深的爱……

① 这段写出"我"在学会犁地后内心的感受，看着翻卷的土地，心里有无限的自豪感和成就感，同时也写出"我"对生我养我的这片土地的热爱之情。

延伸思考

1.试从文中找出一处环境描写，并分析其作用。

2.散文有很多哲理性句子，请找出一处并分析。

3.文中多处运用比喻句，请找出一处并分析其表达效果。

牧　羊

名师导读 ▶

牧羊是人类最古老的活动之一，指牧羊人带领羊群寻找适合的草地，同时保护羊群的行为。《牧羊》记叙了"我"跟三叔一起牧羊的经历，围绕牧羊这个核心事件，记叙了"我"和三叔在山坡上放羊、头羊之间的斗争、给羊群洗澡、羊群爬卧山地等事，表达了对那段生活经历的怀念。

十五岁那年，我跟着三叔，放了半年时间的羊。

少年总是把放羊想得太美妙。碧绿的东山坡上，游移着那么白白净净的一群羊，就像一大片白白净净的云，游移在瓦蓝瓦蓝的天上。① 羊儿低了头，很专注地啃吃山坡草儿，吃出愉悦了，一条条短尾巴摆着、晃着，晃出许多的悠然。有被惊的野兔儿，倏忽间从草丛里蹿出，箭一样射向山那边，红的、黄的、紫的

❶ 羊儿、野兔、五颜六色的花、各种各样的树和悠闲的牧羊汉，共同构成了一幅和谐、静谧的画面，描绘出一幅理想的牧羊场面。

花儿，在草丛里开得自信，多种怪怪的叫不出名的树，还有类似树的东西，都在坡里有一个属于它们的姿势。树下，牧羊汉斜躺着，吸着烟，哼着古老的戏文，惬意写在脸上……

放羊远远不是这样儿。

清早是不可以放羊的，清晨的山坡草地，草枝草叶儿上，满缀着夜的露珠儿，羊吃了露水草，会拉稀掉膘的。只有吃过早饭，日上三竿，温热的风蒸腾了露水，才能赶着羊儿上山坡。

那么从清早到吃早饭的这一大段时辰，是我担土填圈清扫场院并朝水槽水缸里挑水的忙碌时辰。三叔呢，则把羊儿从圈里赶到一个四周有着低矮土墙的废园里，让山羊晒晒太阳，给绵羊，一只一只地剪羊毛。

羊圈，是一孔高大的土窑，圈了一夜的羊，里面有浓浓的、稠稠的羊腥味儿在氤氲。尽管圈门开着，窑顶的气眼敞着，味儿还是呛得人憋气。百十只羊，一夜在圈里又拉又尿，有稠有稀，花花绿绿，就得在上面铺一层绵绵的黄土，圈垫得平整了，羊儿舒服，也给生产队里增加上好的底粪。

我从远处的崖下，把绵土刨好，再一担一担地挑到羊圈，薄薄地铺一层，天天如此，不多不少，十担绵土。垫好羊圈，我得掂一把大扫帚，一下一下清扫场院。

场院是羊圈前的一片场地，冬日，不出牧时，羊可以卧在场地上晒晒日头。三叔是个爱干净的人，平时再忙再累，也要把场院扫得光光净净。挥着扫把，羊粪蛋儿在滚动着，很欢快的样子，朝一边靠拢。场院扫过，①院角里会有可喜的堆积，新新旧旧，成了一座黑豆般的小山。

我不敢有半点停歇，又挑了担子水桶，到苦水井挑水。场院南侧，有两排长长的水泥抹就的水槽，清理完槽里秽物，十担水才能把两槽挑满。水要早早挑好，一天日光晒过，水就成了熟水，牧羊归来，渴极的羊儿喝过，不会生病的，如从井里刚刚挑出，水生冷，羊儿喝过，胃肠会不舒服。

②苦累的活儿，是为轻松活儿做一个铺垫，先苦后甜的道理，我那会儿就懂了。整个前响和后响的山坡放牧，是少年的我最幸福最开心的时候。

东山是故乡的屏障，也是幽幽神秘的所在，它生长草木百禾也生长古老的传说，对于我，它是一个少年开阔的乐园。

山羊或是绵羊，一踏上青绿的山坡，脑袋就深深地埋下，③专注地啃吃青草儿，深情地在草丛里游移。这时候，头羊就显得有几分迷茫，因为无须它带头引路了，它昂起硕大雄壮的脑袋，那标志着强悍雄性和

① 运用比喻的修辞手法，把堆积的羊粪比作黑豆般的小山，生动形象地写出了场院里羊粪之多，同时也写出了三叔的勤劳。

② 这是一句富有哲理的句子，"先苦后甜"不仅仅可以用在干活中，它也可以用在生活中，启示人们只有经过艰苦奋斗，才能取得成绩。

③ 运用拟人的修辞手法，"专注""深情""迷茫"和"不甘寂寞"写出了羊群吃草的情态。

英武的粗实壮观的双角，不甘寂寞地扬一扬，便随了脑袋隐于草丛里。

天，出奇的蓝，悠悠山风在和草儿呀树呀亲切地磨合。那时候山鸟真多，就像山上的野花儿一样，连名儿也叫不出，灰色的、黑色的、黄色的和大红色的，在空中画出一道道多彩的弧线，清脆和悠扬的啼唤，把山坡唤出一派祥和。每每这时，三叔就舒心地把腰板放在草坡，在暖暖的日光里打个盹儿。① 我同山羊绵羊一样，在山坡里放飞我的欢快，钻草丛，捉蚂蚱，追坡垄上的禾鼠，看远处奔跑着的狐狸的身影。这会儿的羊群，不用牧羊人去操心，那把看护羊群的长铲儿，插在山坡里，成了一个摆设和道具，像山上的一棵树。

正晌午时，羊的肚子都渐次地圆了，像天上那颗日头，饱饱的，圆圆的。对嫩草儿的寻觅，就不像前晌那么执着和贪气，啃草的嘴，就松懈许多，嚼草的牙，就缓慢许多，嚼着，刍着，就把脑袋昂起来，对坡上的草，也挑剔起来，挑三拣四、三心二意的样子。

有另一群羊，会慢慢地靠拢过来，相距很近，但并不会和这群融合。羊就有一些新奇感，东张西望，像看到陌生的邻居。② 两边的头羊，就来了劲儿，很抖擞地走到了一块儿，先是互相在尾巴上闻一闻，狗儿一样，嗅过闻过，就恼怒了，用各自卷了几卷的粗

❶ "钻草丛""捉蚂蚱""追禾鼠""看狐狸的身影"等一系列活动写出了"我"在牧羊过程中的快乐，写出了少年爱玩的天性。

❷ 这段文字描写了两只头羊的战斗过程，一连用了走、闻、卷、拱等一系列动词，写出了动物们不服输的精神，增添了文章的趣味性。

133

壮的角，去攻击对方，对方不服，便用劲地拱，这时候，如果有一只跑了，那就算服输，草坡上便寂静下来。头羊有股执拗劲，都不服输，这就在山坡上拉开架势，决一死斗了。

两只羊都后退着，后退五六步的样子，运足劲儿，又一齐猛猛地冲过来，用头角相迎，嘎——嘎——两声，两颗羊头，四只羊角，碰击到了一起，把全身的力气，都运到头角上了，然后，再后退，再撞击，后退的距离越远，撞击的劲头越大。起先，两颗头，平行着撞，后来，身子都跃起，抬起前腿，后腿支撑了身子，把更大的力，甩到头上，击到角上，坡上，^①草被踏得稀烂，土被扬起老高，两群羊和牧羊者，都远远地，看得发呆，就连天上的飞鸟，也就近落在树上，惊讶地看着羊世界的一场武戏……

那时候，我十分惊讶，觉得小小的羊脑袋，经那几十个回合的撞击，是一块石头，也碰得破了，羊头居然没事。我心疼两颗羊头，好多次，不等它们斗出分晓，就用牧羊铲，打开了它们……三叔在一旁吸着烟，微微笑着，淡淡地说："分开也好，分开也好，不然，会斗个天昏地暗的……

羊群也有不听话的时候，那常在缺草的地段，^②而附近又有绿绿的庄禾在诱惑，嘴馋的和胆儿大的，便

❶ 运用侧面衬托的手法，用"草被踏得稀烂""土被扬起老高""飞鸟惊讶地看着"等反应，写出了两只头羊战斗的激烈。

❷ 一旦有绿绿庄禾的诱惑，羊便会偷吃，"窜""探"两个动词形象地写出了羊的蠢蠢欲动。不仅是羊，人类也是一样，面对诱惑时，需要克制。

不会老实，趁人不备，会窜到地边，探出嘴来，偷吃几口的。

　　每到这时，三叔就会分外警惕，看到蠢蠢欲动的羊只，便用长长的牧羊铲去警告。牧羊铲有细长的木把儿，头上安一铁铲，①三叔用它铲一块土坷垃抡起来，用力一甩，就那么随意地一甩，土块就落在羊的前头，羊便断了偷吃的念头。

　　三叔抡铲砸物的本领让我对他产生许多敬畏，他曾给我表演过，山坡的另一边，有一块圆圆的黑石，在草丛里，很醒目的。三叔的铲上铲了一块小方石，高高地将铲把抡起来，借了惯性，小石块迅速地弹出去，准确地击到远处的黑石上，黑石的肚心显出一点被击打的白来。曾多次听乡人说过，前两年的一个冬夜，一只饿狼死死盯着羊群中的一只怀孕的母羊，母羊因身子笨重，每每落在羊群后面。三叔驱赶了饿狼好几次，依然赶不跑。饿极的狼比疯狂的狼还难对付。三叔拿了一把松枝，点燃后举在手里，让燃烧的火焰吓跑饿狼，可是依然不见效果，那家伙躲一下火苗，随后又几次朝母羊扑去，根本没把三叔当一回事儿。

　　被逼无路的三叔想到了他的牧羊铲。

　　②他轻巧地铲了一块青石，铆足了劲儿，双臂运一运，把气愤运到了铲把儿上，猛劲一抡，那青石像长了

❶ 简短的几句话写出了三叔的绝活，这个绝活不仅能阻止羊群吃草，更能在关键时候解救羊群，此处为下文救怀孕的母羊做了铺垫。

❷ 这段描写了三叔轻而易举地用绝活击晕了饿狼，"那青石像长了眼睛"一句写出三叔手法之准，在关键时刻给了饿狼致命一击，赞美了劳动人民的智慧和本领。

眼睛直朝饿狼脑袋而去，嘣的一下，青石非常沉闷也非常突然地击打在狼脑壳上，饿狼竟被这致命一击击晕了，趔趄几下，一头栽到了地上。

三叔也惊讶，没想到这一石就这么稳、准、狠。他怕饿狼没死利落，又搬起一块大石头，朝狼头砸下去。

❶ 这四句运用比喻的手法写出了饿狼的外形，"铁壳脑"更是写出了饿狼脑袋之硬，但就是这么硬的脑袋，在三叔一击之下也被砸晕了，更衬托出三叔绝活的厉害。

① 麻秆腿，

豆腐腰。

扫帚尾巴，

铁壳脑。

这是人们对狼的总结。没想到三叔的一铲一掷，就把铁脑壳砸晕了，要了饿狼一条命。

三叔教我抡铲，他教的是要领，简洁、明了，抓了要点。还不算十分笨拙的我，三五天就掷得有了点模样。三叔反复嘱咐我，平时砸羊时，只起个警告作用，一般不铲石块，顶多铲个土块就行了，还有，要朝羊走的前方砸去，最好二三尺距离，万不可朝羊身上砸，砸到羊头，晕了；砸到羊腿，跛了；砸到羊肚上，更可怕，怕内脏破了，那可使不得，使不得，一条羊一条命呢……

牧羊的日子，我还跟三叔学会了打尖亮悠长的口哨，起先，打不成，口型不对，运气不对。三叔示范了几次，我天天揣摩，天天在山坡沟梁里练习，不出半月，居然打成了，也很嘹亮很悠长的。^① 会打口哨，作用太大了，在沟这边，朝沟那边的羊群打一声长哨，羊在头羊的带领下，会按照牧者的意愿，乖乖地返回到沟这边。

在山上看天，天真高远，高远得让人想哭想笑；在山上看地，大地是很苍黄的一片，一簇又一簇的村落，隔三岔五地嵌在大地上，而房屋和树，是村庄的标志，一缕又一缕炊烟，青青地扭到空里，融进天里，昭示着日子的恬淡，显示了岁月的悠长。

有时候，对面山梁上的牧者，可能耐不了寂寞，隔了一道大沟和一片草坡，远远地送来很动听的山歌——

^②山坡上来了一群白褂子白，

脑袋上顶了两根干硬的柴——

嘴子里哼着那个呐哼声哎，

尾巴下蹦出那个黑豆子来——

……

很悠远，很苍凉的，在沟沟峁峁上缠绕。

三叔淡淡地笑笑，对我说："你也回唱他一个吧。"

❶ 写三叔的另一个本领——打口哨，同时还写了口哨在牧羊过程中起的作用，表现了我对三叔的崇拜，更写出了劳动人民的智慧。

❷ 这首山歌形象地写出了山坡上牧羊的情景，既写出了牧羊人对羊群的喜爱，也写出牧羊人的寂寞、孤独。

我红着脸，说不会唱呀，忽然想起跟三叔学会了打口哨，就仰了脸儿，自作主张地朝对面打了一个深长的口哨："呼——呼儿——"

三叔笑笑，说："这娃娃，咋能给人家打口哨儿，那可是吆喝羊哩……"

夏日，我最害怕给羊群洗澡了。

夏季，日头总有发狂的几天。人热得受不了，浑身是毛的羊更热得要命。吃一阵青草，蔫蔫地躲在一边去喘，黑毛白毛里，散发着难闻的膻腥气味儿。

❶ 运用对比的手法，把狗在天热时的样子和羊进行了对比，写出了羊温顺、绵软的性格特征。

①羊喘绝不像狗，狗要喘是很张扬的，吐着长长的舌头，伸缩着，一下又一下，大喷着气，怪吓人的样子。羊喘时静静地躲在一角，极可怜地，极卑微地，勾着脑袋，身子也一倾一倾，实在撑不住了，就一头栽下，或极轻地哼一声，或默默地、静静地倒下就起不来了。

"夏天要给羊勤洗澡哩。"三叔把羊赶到一个水沟边上，对我，也对羊这样说。

水沟是深谷里的低凹处，下暴雨时，山洪遗留下的一汪儿。选一个大水沟，水大，还不能深。我先用牧羊铲拭探一下，搅搅水心，试水的深浅，也有意将沟里的水蛇惊跑，如果有水蛇的话。

羊们会乖乖地在水边饮一阵，饮饱了，三叔就几乎脱光了衣服，下到水心里，扑腾几下水，溅起一些水花；我则紧抓了羊，一只一只地朝水下拖，拖一只，给了三叔，三叔把羊全弄湿了，用一个小小短短的铁耙子，给羊的腰身、肚腹，一下一下地耙。一只羊，得一袋烟的工夫，百十只羊，就得一个大后晌。

羊这畜生不开窍，体会到了洗澡的痛快，可一次一次地，还是怕下水，死活不听人的话，这就累苦了我。抓住一只羊，或拖了后腿，或拽了双角，朝水边拉着，羊却死命挣脱，水沟边的我和羊，①就拉拉扯扯，拖拖拽拽。有个头小的，三下两下被我拖进水沟，扔给水心的三叔；个头大的，便和我在水沟边摔跤，常常因拖不过那些家伙，被弄得东倒西歪，趔趔趄趄。三叔说，先洗听话的，个头小的，剩下难缠的大家伙放在最后洗。

夕阳坐在西山头，把一层薄薄的橘红抹在沟梁上。我和三叔都已筋疲力尽。为了对付十来只大羊，我俩一块拖拽着一只，一起下水，他摁着羊角，我则用铁耙耙着羊身……羊这贱货，几耙子耙下来，就听话了，乖乖的，眨巴着一对善良的羊眼，任由我在它的身上，横耙竖挠。

②日头沉下去了，沟谷里出现一片梦样的虚幻，树木与庄禾呈现了黄昏时分的青灰色彩，天空神秘地被一种云彩罩着，有落巢的山鸟儿，哇——哇——地

❶ "拉拉扯扯" "拖拖拽拽"和"趔趔趄趄"叠词的运用，使"我"抓羊的过程更加形象，也写出给羊洗澡的艰辛。

❷ 这段是自然环境描写，树木庄禾在黄昏时分呈现出青灰色彩，山鸟也急着回自己的窝，写出了日落时分山村的宁静。

139

唤两声，沟就更静了。

羊群在前头缓缓地走，我跟着三叔在后面。浑身的骨头，像散了架，三叔拍拍我的肩，说："多洗几回就好了，就练出来了。"声音却倦倦的，没有了底气。看眼前，黑的山羊更黑，白的绵羊更白，是这些黑黑白白的东西，在引着我们回村。

深秋，难熬的是羊卧地。

大田里，庄稼全收获回去，连迟收的红薯，也全刨了，地头地角的，①偶有一两棵被遗忘的高粱秆，孤孤地立着，在风里摇晃，像村里永远找不到婆娘的光棍汉，酸酸地看着什么，呆呆地瞅着什么……旷野真的显示了它的空旷，田土也裸露出它真诚的土黄。

在偏远的山地，由于远离了村落，乡人是不会把农家粪运到这里的，每年的秋耕前，羊群都要在山地上，整夜整夜地爬卧，除了粪便尿水外，羊身上浓浓的羊腥，熏了山地，山地就肥了，就好收获来年的庄稼。

穿着爷爷的老羊皮袄，我和三叔驱羊来到了偏远的山地。

羊儿吃了一天遗留的禾叶和山草，肚子差不多饱了。入夜时分，就由牧羊人安排着，并不团聚也不分散地卧在某一块山地上。

日头还没完全落坡时，有几颗星子就急急地跳出

① 运用拟人的修辞手法，赋予高粱秆以人的特性，"酸酸地""呆呆地"形象地写出了被遗忘的高粱秆的孤独，同时也让人感受到田野的空旷与丰收。

来，缀在寒天的一角。日头一落坡，好家伙，满天的星子都眨着眼，把山地的夜，眨得好寒好冷。这样的天，要么没有月，要么寡寡的一小条，像一牙没长熟的石榴籽。①高高远远的天里，多了一些神秘，也多一些清冷，看一眼，让人的心里，怯怯地，平添许多凉意。

夜色朝深沉里一点一点地移，就有大团大团的黑在旷野上压下来，把山地，还有山地的人呀羊呀，压得一片迷糊。羊群安静许多，半大的幼小的山羊绵羊们，不再跑跑窜窜，寻到自己的母，或依在其身边静卧，或是暗里靠感觉去吮吸奶子。

②三叔穿着大皮袄大皮裤，都是羊毛的，皮子黑污光滑，毛都翻在里子内，暖和。三叔常笑着说，把鸡蛋焐在里头，不出三天，会飞出小鸡儿的。可是，三叔的腿，还是老寒腿，牧羊日子和山地寒夜会浸寒两条壮腿的。

这时候，三叔会让我抱来许多玉茭秆、高粱秆和山柴之类，山柴是硬柴，耐烧；庄禾秆子引火，有旺旺实实的火焰，但不耐烧。硬柴软柴一起堆在避风的地垄边，等到夜深更寒时再燃。

夜风，不觉中从山地上掠过，先是悄然地，轻摇着杜梨树的枝条，粗粗细细的枝条们，在空里起舞；坡上的草，也颤颤地抖；渐渐地，风大起来，在树梢

❶ 这段描写了山地的夜，满天的星星，却没有月亮，给整个大地赋予神秘的色彩，也给人带来一层层寒意。

❷ 三叔穿着皮袄皮裤，都是全毛的，裤腿里面都能孵出小鸡儿，形容皮裤暖和。但三叔依然冻成老寒腿，充分说明了牧羊的辛苦。

141

上兜着尖锐的哨子，冷冷地往耳朵里钻，而山草儿，像要被风一把一把地拔起来。

三叔不让这时燃火取暖，三叔说，风会把燃着的柴火一团一团地刮跑，会把山草山树烧掉，酿成火灾的。

羊群不惊不慌，每一只都沉静地卧着，用浑身的山羊毛和绵羊毛，来抵御山地的寒风。

沉着的羊和沉着的三叔给我一些御寒的暖气，我欲躺在柴堆上时，①三叔却站起来，在羊群四周缓缓地踱了一圈，眼光警惕地看看近处，看看远处。三叔说，这样的大风里，狼会借了风声来偷袭羊的，狼这东西，贼得很……

下半夜，风弱下来，停下来，山地上恢复了可怕的寂静，寂静里却弥漫了透骨的冷，这种冷，是生冷的那种，硬硬地，钻到人的衣裳里，刺进皮肤和骨头里去了。

这时候，三叔点燃了柴堆。

柴禾先是沤烟，三叔猛吹一口气，就腾地一下，噼噼啪啪地烧起来。

火苗舔着我的脸，被冻的脸被火一烤，有一种消融的痛痒，我摸着脸，退远了一点，身上，一点点暖起来。

羊儿也被山地的火燃得激动，有咩咩的叫声交叉起来，也有的羊儿站起身子，抖抖身上的土，换一个

❶ "踱了一圈"和"警惕"写出了三叔的经验丰富。在有风的夜里，狼会趁着风来偷袭羊，三叔的话为下文狼的出现埋下了伏笔。

姿势重卧。

火给我带来温暖，也带来浓浓的瞌睡。靠在埝垄上，我睡着了。

①蒙眬中，我做了一个又长又怪的梦，身穿着的羊皮袄变成了一只老绵羊，抖开皮袄，却是一只狼。

猛地醒来，是被三叔的叫喊惊醒的。

火已剩了残火，沤着一股白烟，羊群的不远处，有几对贼贼的眼放着绿光。

"狼——"

我脱口唤出。

四五只狼，可能饿极了，围着羊群，兜圈子，对三叔的呵斥，毫不在意。

②三叔拿他的羊铲，铲了石块朝狼砸去，狼跳着躲闪，并不后退，发一声威，嗓眼深处吼着，张开尖嘴，露出长长的牙来。

我没见过这场面，吓得发呆。

三叔命我收拾一下柴禾，赶快把火燃起来。

火又一次燃起，玉茭秆子旺旺地举起了一团烈焰。

狼是怕火的，见火心虚，四五只家伙后退了许多。

后退是后退，并不离开，白的绵羊和黑的山羊在诱惑着饿极的肠胃。

狼中的一只凶猛者，往往会令人猝不及防地蹿出

❶ "我"在困倦的情况下，做了一个梦，梦到了狼，其实这正是我潜意识的思考，时时刻刻担心会有狼的出没，才会梦到狼。

❷ "跳着躲闪""并不后退""吼着"和"张开尖嘴"形象地写出了一群饿狼面对食物时的急不可耐，为下文的一场恶斗做了铺垫。

去，到羊群的边缘，企图叼出一只半只的，这很可怕，一旦偷袭成功,四五只狼会拼命护着叼羊者,逃离山地，逃到山的更远处，去撕咬，分食。

三叔就打退了这样的三四次偷袭。

① 善良的羊们不敢再卧，起来，挤成了一团儿，咩咩的叫声流露着软弱和恐惧。

人，狼，羊，就这样艰难地对峙着，比着耐心、毅力，还有智慧；耗着体力、精力，还有大段时辰，直到天亮时分，日头从山头冒出来。

后来，三叔在羊卧地时，就备了一杆土枪，装好了炸药、沙砾、铁屑、石子，遇到狼困住羊群时，就对了狼放它一家伙。轰——有烟有火，有闷闷的响声，群狼就落荒而逃了，夹着耳朵，吊着尾巴，隐到山后去了……

天快亮时，露水落下来，是地气结成的白水，湿湿地浸在草上，地皮上，人的脚面上，有时，就凝成了白白的霜，像一层咸涩的盐，像一层早来的雪。

② 山地在一夜夜的羊卧中，肥了，来年风调雨顺时，可收到大片的白豆、大片的黑豆，也可刨出一窝窝硕大的山药蛋。

那时候，看到山地收获回的满场院晾晒的白豆儿黑豆儿，我总觉得那是一颗颗羊粪蛋儿变成的，小小

❶ 运用拟人的手法，"善良""软弱"和"恐惧"等词，赋予羊群以人的性格特征，群羊就像生活中的弱势群体，随时可能会被欺负，随时需要人去保护。

❷ 日渐肥沃的山地，带给人大片的白豆和黑豆、一窝窝的山药蛋，正是有了三叔夜晚的辛勤付出，才换得来年的丰收。

巧巧，却很硕壮很可爱的样子，在日头下的场院晒着，泛着白的亮黑的亮。

好不容易熬到了春季，东山上终于长出了一层青草儿，许多只冬天生的小羊羔，也在这个季节里变得黑黝黝白生生的了，活蹦乱跳着，也敢离开母羊，在羊群里跑前跑后地撒欢。

①羊群也像山坡的草，一茬一茬的，老羊如老草一样枯去，小羊像新草一样萌生，羊群里小羊多了，就多了许多活跃，十五岁的我，也如一只能跑能颠的撒欢的羊，喜欢春天的山坡，喜欢坡里梦一样的绿草，可惜我已没有了牧羊上山的机会，我得拾起书包，继续我中断的学业了。春的山坡和春日的羊群，就永驻在少年的遗憾里。多年后想起那一段牧羊的日子，眼前是山坡的起伏，是田野的空旷，是黑魆魆的山羊和白花花的绵羊，嘴里，就轻轻哼着那首歌子——

❶ 运用类比，用野草的枯荣来类比羊群的繁衍生息，更加形象，便于理解。

山坡上来了一群白褂子白，

脑袋上顶了两根干硬的柴——

嘴子里哼着那个呐哗声哎，

尾巴下蹦出那个黑豆子来——

145

1. 文章围绕题目"牧羊"写了哪些事情?

2. 文章有多处环境描写，试找出来，分析其作用。

3. 请从文中找出一处修辞手法的运用，并分析其作用。

第四辑　旷古磬声

　　当上古的山风掀起质的那一头飘逸的长发时，质的一张有些泛白也略带忧郁的清癯的长条脸被日光暴晒着。质喜爱日光、喜好一个人孤孤地在山巅或河畔行走。听、看、思。常常仰起头来，用脸庞去迎接呼啸的山风。

【预测演练】

阅读文章，回答下列问题。（15分）

槐根之吟

①驻足于这一架硕大无朋又气宇轩昂的古老槐根面前，真正被一种气势震撼了，语言是多余的，表达惊叹与钦佩的唯一方式只能是静默，静默。在静默中注视，在静默中体悟，在静默中倾听。

②这深植于地下两千余年的汉槐巨根，这在黄土中延伸了二十多个世纪的树之先祖，你还氤氲着地气的温热吗？你还扩散着土地的香馨吗？在那么漫长的岁月里，寂寞的你固执地朝着大地的纵深里探索，像一个善于扩张且极富占有欲的巨爪，把泥土中的沙石紧紧地抓住，牢牢地困在那只巨大的网络里。每一条根须都是一个勤勉的吮吸者和输送者，在给养地表槐身的同时，也在默默中茁壮着自己，雕塑着自己。

③在深深的泥土里用岁月雕刻自己的这架巨根，也在向往着地

表上的日子吗？明媚的阳光、轻柔的春风、浓郁的草木和艳丽的花朵，一年四季色彩不同的季节变换和黑黑白白的日夜交替，还有在大地上奔跑着自由着的生命们。不然，你为什么要把自己的周身雕刻成如此这般生动活泼的图像：一条欲腾飞的长龙，一头深沉静走的大象，一匹嘶鸣着奔跑着的骏马，一只低首吃草儿的绵羊……还有，那分明是一尾跃起水面的大鱼……你向往蓝天的开阔浩瀚，故而便有龙身的形成；你钟情林木的茂密和神奇，便用这种情愫生长成大象；你在漆黑的地下多么神往一条坦途，那匹奔马便抒发了这种飞跑的心愿；山坡、青草、牧人，还有悠长的短笛，你寄情于一只温顺的绵羊，听着古老纯朴的牧歌儿，多想挨上一阵轻抚的带有溺爱意味的牧鞭呀！身边河流是你的意境遥远的追求吗？其实，你每时每刻都在倾听它不舍昼夜的喧响，它的潮涨潮落，它的惊涛大浪，每每也牵动了你的心房，你受着它的滋润，你把根须朝了滋润里伸展，不就是潜意识里的羡慕吗。可是，咫尺天涯，你毕竟无法触摸到汾河的水花，无法直接感受浪涛的激越人心的翻涌。那么，你便在自己的躯体上，刻下了一尾生动活跃的大鱼，它高高跳起，似乎游离于水面，又好像在水中的一个别致的造型。

④各种形象并非人们的主观联想和纯客观的品评。它们惟妙惟肖但绝对是神韵相似，是大写意的自然之笔。时间是巨匠和圣手。它造化出如此神奇的苍虬老根，并赋予它众多的意向图形，这完全是一种意蕴丰厚的图腾。在槐树的世界里，在根的阵容里，没有比这种图腾更为神奇，没有比这显而易见的根文化更为丰富，更为壮

丽的了。

⑤两千多年的历史，在这一架巨根的躯体上，忽然就浓缩了，浓缩得如此凝重，浓缩得如此具象。面对一方秦砖，面对一片汉瓦，人们会投去敬畏的目光，那是在敬畏着历史！朴拙厚重的秦砖和造型大气的汉瓦，它们带着那个朝代的大度和气势，在岁月的尘埃中，在时间的风雨里，它们见证了荣辱沉浮的历史，它们经历了盛衰强弱的沧桑，接纳着日月，迎送着阴晴。槐根是在另一个世界里默默地感受着历史，没有晨昏，没有喧嚣，在难耐的静默中，把自己的情怀倾注于两个极端，这便是把根系深刺入地下，把头冠高扬于苍天，吐一树碧绿，缀一树金黄，织一树诗意，飘一树清香。那枝那叶，那花那香，是根的灵感，是根的情愫。世间还没有其他之物能像面前的这架巨根一样，用那么一种独特的方式去感悟着尘世，她如同上古时代的真隐士，也像目下颇具道行的高僧，在属于她的那个静谧的区域里，闭目而视，修炼着也历练着，接纳着也倾吐着，静憩着也观望着。漫漫黄土与漫漫尘世一样，有属于它们自己的变化，土浪同地上的水流一样，一刻不停地翻滚和起伏，涌动和组合。槐根处变不惊，感恩绵绵黄土的厚爱，倾听来自地心的跫音。

⑥其实，槐根一直在与岁月作着无边无际的抗争。这是怎样的一种忍耐和柔韧，毅力与信念！难以想象到那种不见天日，尽期遥遥的孤独，那可是凄涩与漫长的大孤独。但是，她高擎着一面生命的旗帜，那是作为树身的旗杆和树冠的旗面，猎猎地飘扬在日月之下，展示在凡俗之中。

⑦两千多个年头过去了，古槐该在树身刻印下多少个丰满的年轮？或许，槐根苦心成就了的槐树早已不复存在，在岁月的风尘里枯成了一段陈旧的记忆。槐根却依然在泥土中粗粝硕壮着，并把她积蓄的情意在地表上冒出新的槐枝儿。春天就这样来临了。爱，又在一个春季里开始轮回。在槐根老母一般的滋养下，在槐根老父一般的呵护下，一代又一代的槐树们能营造一片绿荫，高擎一片蓝天的时候，苍老的槐根就已完成了她的土层里使命。终于，她从两千余年的地下被"请"出来了，极虔诚地、极恭敬地被请到这样的祭祖园里。槐根像一位善良的老者，慈祥地被人们供奉，被人们拜谒，甚或被人们审视。

⑧此时的老槐之根并非寻常意义上的槐根了。她早游离于木株之本源的单义走向，在这座明初移民之根的特殊园子里，她的人文之根就有了极深广的历史意蕴和文化含量，让一方地域或一个种族，都在追溯自己的来龙去脉，重新书写太古之初以来的文字典籍。人祖之根便成了一个神秘意向，成了一个历史的符号，成了悠悠岁月里寻根情结的广义象征了。

⑨在苍古的巨根前沉思，夏日的纷纷细雨是人们思维的触须。

1.品读文章，分条概括树根的象征意义。（4分）

_____

_____

2. 能否将文中的"在深深的泥土里用岁月雕刻自己的这架巨根，也在向往着地表上的日子吗？"这句话变成陈述句？为什么？（5分）

_____

_____

_____

3. 阅读文章，联系实际生活，谈谈你的感悟。（6分）

_____

_____

_____

_____

石头的歌吟

作者一改平时的乡土气息的语言特点，用充满文学美、诗意美和哲理韵味的文字来描述自己所见到的贺兰山岩画，并且展开丰富的联想与想象，讲述雕刻者的经历，先民们的生活状态，展现他们勤劳、智慧、勇敢和执着的精神品质，表达自己对先民们的崇敬之情。

第一次面对贺兰山，如此真切，如此近距离地逼近传说中的大山，居然一句话都说不出来。

山体的石质以及它呈现出的色泽，是撼动人心的。真的不清楚构成这大山的是些什么石料，是花岗岩，是石灰岩，还是玄武岩？抑或是这些石料的混合体的组成？这种色泽给人的感觉是冷峻、凝重、硬朗、苍凉还有一种质感那就是无情，不知道那一刻怎么会有这诸多的视觉效果。① 这是相对于平时司空见惯的吕梁山太行山而言的，太行吕梁也巍峨峻峭，但没有它这般峥嵘冷峻，太行吕梁也凝重跌宕，却少有它这般雄浑苍凉。真的，当站立在著名的拜寺口双塔附近时，贺兰山的一侧就以它逼人的气势横亘在我面前。它几乎草木不生的光裸岩体犹如一场空前的大火刚刚焚烧过、烤炙过一般，周身好像能感觉到它依然扩散的热量。

脚下，是令人眼花缭乱的滚石滩，大西北肆虐的风暴和日复一日的风沙，还有难得一遇的暴风雨，将这一处贺兰山的大小石头尽性掀起、揭起、冲起，卷扬与散落在这百里滩涂的地方，② 这里便聚集和收容了大如土丘小如鸡蛋的各类石头，或伫立或爬卧随意在旱滩里时刻准备着滚动。

滚石滩是风沙打磨下的战场。

沿着滚石滩前行，沿着周边由混合岩和花岗岩构成的呈灰绿色和暗红色缓慢延展的山体，来到了渴望已久也羡慕已久的贺兰山岩画区。

山体几乎成了一色的花岗岩体，太阳下泛了一种结实却麻白的色泽，③ 西部的日头在一面面石坡上、石面上弹碰出噼噼啪啪的火星，这些坚硬而柔韧的岩

① 将贺兰山与太行吕梁山进行比较，突出贺兰山峥嵘冷峻、雄浑苍凉的特点，为下文写岩画做铺垫。

② 采用摹状貌的手法，"大如土丘小如鸡蛋""伫立""爬卧"等将滚石滩石头大小不一、状态不同的场景描绘得栩栩如生，具有极强的画面感。

③ 采用通感的手法，从视觉上看到的夕阳余光洒在石坡、石面上来写听觉上"噼噼啪啪"的声音，使画面更加生动，让读者有身临其境之感。

石带着上万年的历史风尘和风沙雪雨，在孤寂与静默中，展示着它出神入化的独特符号，吟唱着它艰辛与欢快、悲凄与疑惑的歌哭，这就是形成上万年的贺兰山岩画，是我们的先人最早凿刻在一面面岩石上的亦梦亦幻谜团千载的符号。

① 这里，能算是曲折幽深的峡谷吗，能说是人迹罕至的荒沟吗？还真不是过于荒僻之地，沟涧并不如想象中的那么崎岖难行，而两边的山地也并不奇崛嶙峋，并不是悬崖陡壁。这其实是一片我们早期人类文明的遗址，他们曾经生活在这里，狩猎、放牧、耕种、祭祀、交配、繁衍……把他们在艰辛的劳作中，在一次次生死攸关的围追堵截捕获猎杀，在寂寥苍天下无垠草坡上的单调放牧中，在一次次对太阳的崇拜中，把他们自己的所经所历、所见所闻、所需所想、所欲所求，把原本单纯但有了思考和认识的一腔心思，把欢乐、悲伤、困惑、痛苦、恐惧、敬畏等尚属于原始时期的诸多情绪，通过他们手中最简单不过最粗糙不过的石器工具，在石崖上、在石坡里、在大片的石头上，择一处光洁的石面，凿刻下他们的生存状态和满腹心结。

② 我想，当我们的第一个先民，不论他出于什么目的，或许压根就没有任何动机，只是在劳作之余的一种消遣吧，信手掂起身边的一柄石器，在石面上认

❶ 用疑问句开启该自然段，能够吸引读者注意力，引发读者思考，同时突出了贺兰山并非荒僻之地，沟涧也并非崎岖难行的特点。

❷ 由岩画产生联想和想象描绘第一个凿刻者创作的过程，不但丰富了文章内容，还增添了厚重感，让文章更具韵味。

155

真地雕刻下第一幅图案的时候，他并不知道他的漫不经心的随意为之，为他的同伴开了一个先河，同时，一种远古文化意蕴和艺术形态，便在这尖锐而响亮的击打声中开始了它的雏形。

用短暂的几个小时，匆忙地却是深情地打量着、凝视着还有仰望着一幅幅大小不一、形状各异的岩画，有惊讶、感动、震撼，还有无可名状的激动和困惑。以一斑而窥视全豹，据说，在博大绵延，布满了险峻深谷悬崖峭壁的贺兰山区，内容丰富和千姿百态的石头岩画有广泛的分布。我们的先民不把图画刻在树木上、大地上或者兽皮上，而是选择了坚硬无比具有永恒特质的石头上，在坚硬的岩石上表达他们的心愿，抒发他们的玄想，难道他们也联想到了艺术应当恒久的道理吗？这实在令人玩味。

来贺兰山观岩石画之前，曾不止一次看到过相关资料和报道。^①欧洲西班牙岩画和美洲墨西哥巴西一带山区岩画，特别是巴西境内、佩德罗、莱奥波尔多的西坡，一片面积达一百多平方米的石山上，在怪石嶙峋的悬崖陡壁上，居然有许多奇幻多姿的壁画，有颇富力度的雕刻，有怪异的人像、神秘题词，有貌似牛头、猫和猩猩的动物形象以及表现力很强的运载图和游艺图形，构图精巧奇妙，形象栩栩如生。在许多

❶ 列举欧洲西班牙岩画和美洲墨西哥巴西一带山区岩画，突出了这两处岩画和贺兰山岩画一样都体现了雕刻者对太阳的崇拜，而这是各地先古文明的共同点。

天然石洞的石壁上，还发现有一系列神秘莫测的雕刻绘画，象形符号古怪难辨，而雕工技艺娴熟精湛。从大量的石刻来看，较多的是太阳形象，这正呼应了贺兰山岩画的多处凿刻的太阳神像。可以肯定地说，当时的人们，起码是雕刻者是信奉太阳的，那里也可能是古人祭拜太阳的地方。

曾一度固执地把这一石刻和岩画之谜认定为外星人的所为，① 是外星人早在万多年前光临地球并在地球荒僻的山坡和无人的悬崖上，留下的印记，诸多的图像是外星人对地球印象的标记，也是他们（它们）先后呼应交流的图像。理由之一是许多的雕刻图像只有运用极锋利的金属工具才能完成，而几千年上万年以前尚无金属工具，而原始的石刀、石凿是力不能及的。

联想到欧洲斯堪的纳维亚的远古字母、南美洲的洞穴岩图和我国的贺兰山岩画，这是否说明了远在几千年上万年前欧、美、亚洲之间就有了文化层面上的联系？还是外星人先后光临了这三个大洲，并留下了只有他们才能读懂的符号图形或文字？

这是我多年来困惑的猜测，并且在潜意识里这样固执地认为。

当贺兰山岩画以它们各自的位置和状态真切地一一呈现在面前的时候，我彻底颠覆了以前自以为是

❶ 提出外星人创作的岩画猜测，增加了趣味性，激发了读者的阅读兴趣。

① 采用肯定句直接表达自己的观点，即贺兰山岩画就是贺兰山人所画的，使观点更加鲜明。

② 以《周易》和《易经》的创作过程为例，证明了上古文明的创作都凝聚着远古人民战胜困难、克服挫折的勇气和在生活中积累的智慧，表达了作者对远古人民的赞美之情。

的解读，冥冥中有一个声音自远古传来。<u>① 贺兰山岩画，是贺兰山人毋庸置疑的作品，是他们把古代的象征和原始的生命状态随意结合的经典作品。</u>

这里的岩画数量之密集，内容之宏富，形式之精彩，大约可集约式地代表贺兰山岩画的特质，就其文化韵味而言，它有一种遥远陌生却分外亲切的力量，可以说是远古民俗和文化最为灿烂和生动的一页。

② 我忽然想到了《周易》，想到了上古时代《易经》的创作。那是先民们在经历无数次的大挫折之后，以他们极其脆弱的生存能力，面对雷鸣电闪和汤汤洪水，面对虎啸猿啼和昼夜更替，面对雨后的亮丽彩虹和天边斑斓的云朵，他们迷茫而困惑；在随时可以碰到灭顶之灾的时候，生活逼迫着他们对那个混沌未知和恐惧的世界进行最初的却是那时深层次的思索，才总结出构成世界的最基本因素，天、地、水、火、风、雷、山泽，从草木枯荣到鸟兽繁衍，从日月交替到寒暑交更。不是上古时代的每位先民都具有思考能力和创造水平的，在长期的劳动分工中，逐渐分离出一少部分人来，他们是当时的智者，当然巫师也是其中的一分子，他们暂时告别了狩猎与放牧，告别了开垦与耕作，去潜下心来，思索季节变换的规律和大自然的诸多奥秘，他们是一个群体，是最早的劳心者……

　　贺兰山岩画的凿刻者与《周易》的创作者有异曲同工之妙，他们是从劳作的群体里最早分离出来的，实践证明他们是最具有创造能力、想象能力和凿刻能力的人。①如同现今的美术家协会，把一批优秀的雕刻家分离出来一样。远古的母系社会，贺兰山人的统治者，我想是较为开明的头人们，他们在生存的艰辛和岁月的迷茫中，潜意识里有了一种对开化的渴望，故而选拔和调集了这一批岩画的创作者。这些默默的顺从者和创造者，这些吃了许多悲苦拥有了丰富积累的无名氏，这些心中蕴藏了无限的创作冲动和表达激情的艺术先驱，②他们用手中简陋且粗糙的石器工具，开始在石头上直接记录自身经历和所有遭际，让石头这个沉默坚硬却富于灵气的永恒载体来承载他们的悲辛和欢乐，希求与歌吟……

　　对太阳的崇拜与刻画似乎是贺兰山岩画中的主旋律作品，是他们凿刻不衰的永恒命题。在诸多的岩画中，只要一涉及太阳，便可以看到画面的开阔和格调的庄严，能捕捉到上万年前这个凿刻者的情状和严谨态度。它是一种信仰和情绪的集约代表。③在阴暗潮湿的洞穴里，在恐惧黑暗的长夜里，在冰雪肆虐的严冬里，在烟雨绵绵的秋季里，先民们忍受着没有太阳的熬煎，也深知太阳的温暖和光明。树木花草皆因为有了太阳

❶ 以"现今的美术家协会，把一批优秀的雕刻家分离出来一样"来类比"贺兰山岩画凿刻者们从劳作的群体里最早分离出来"的情况，化陌生为熟悉，便于读者理解。

❷ 照应题目，通过这句话可见"石头的歌吟"指的凿刻者们刻在石头上的自身经历和遭际，使人们能够通过这些岩画去了解和体会他们的心声。

❸ 四个"在……"的句式形成排比，增强了气势和感染力，展现了先民们在洞穴中居住所面临的恶劣环境，使读者更能理解他们对太阳带来的温暖和光明的向往，进而明白先民们崇拜太阳的原因。

159

才能浓郁蓬勃，太阳便成了他们的神灵和信仰，成了人类敬畏的对象和自然崇拜的对象。这是因为，石器时代那一轮神圣的太阳能给先民们温暖和光明。而到了青铜器时代，太阳则与农人的春种秋收紧密相关，定居与农牧，耕种与收割，太阳的运行决定着先民的生活节季。太阳成为万物赐予者和生命保护神，原始图腾意识上的太阳便成了贺兰山岩画的一大主题。

可以想象，凿刻者在精心选择了一块岩石之后，当然，选择这块岩石可能需要巫师的测卜定夺和相关程序，凿刻者在凿刻之前得朝了清晨初升太阳的方向，跪拜有加而祈祷连连，之后才带着一颗朝圣的心，庄严虔诚地举起掂着石斧的手来，杵下第一凿。

① 狩猎题材占有岩画的相当数量，这些画面内容与先民们早期的生活紧密相关。这是狩猎必有血腥，必有猎杀的场景和智慧的体现。生死存亡是艰辛的也是残酷的，是甲生命为了更好地生存而杀食乙生命，在残忍的较量中，分出了强弱，凸现了智慧，增加了经验，也有血的付出和一次次惨痛教训的代价。在长期狩猎生活中，人类一点点强大起来，聪慧起来，生命也因之健壮和柔韧。岩画将这一切具象地表现在一面面石头上，狩猎生活在那些漫长冷峻的日子也有了石头一样坚硬和冷峻的质感。

❶ 这句话起到了总领本段内容的作用，也说明狩猎题材是贺兰山岩画的第二大主题。

①游牧题材是紧随着狩猎题材的，它们之间有先后和交叉的关系，当狩猎到成群的野羊野驴野马而一时食用不完的时候，先民们便把它们圈养起来。圈养的过程也是渐渐驯服驯化的过程，等到日渐地多起来的牛羊马驴们失去了野性，而多了对人的依赖性的时候，一种崭新的生活替代了狩猎的日子，那就是放牧。

放牧较之于狩猎，显得诗意且轻松，故而放牧题材的岩画画面，无形中多了几许抒情格调，草地、牧群、天边的太阳、远处的群山，构成了岩画的写意对象……不知为什么，在多幅放牧题材的岩画里，我读出的不仅仅是放达的诗意、释怀的愉悦，还有另外的感觉和触动，那就是岩画中浓浓的沉郁情绪。忧郁甚或忧伤的调子，透过这种原始古朴的忧伤，多少传达出了先民心底压抑许久的渴盼。他们朴素的愿望和这种愿望一次次落空的无奈，只有在长满青草的长坡里，才被表达得如此饱满和淋漓尽致。②可以把那种忧伤理解为一种无望，无望并非绝望，无望中的追求才更具悲壮的色彩。岩画因为具有了这样的特质才显其可贵的艺术价值。

有关祭祀场景的岩画表现也随处可见，这类画中离不开原始舞蹈和巫师的活动，对巫师的崇拜与迷信

❶ 围绕游牧与狩猎的关系展开，交代了游牧文明的由来，同时突出了贺兰山岩画的第三个主题——游牧。

❷ 这句话表明远古的人们生活在无望的环境中，但始终拥有执着追求的精神，表达了作者对先民们的同情与敬畏之情。

自上古时代开始，先民把与天地神灵的传导人都寄托在巫师身上，巫师成了神灵的神秘使者，也是上古时代的先知先觉。祭祀与巫师形成了原始巫文化的基本元素，巫文化几乎笼罩了所有祭祀场所。祭祀题材的岩画作为民俗的展示，帮助我们进一步了解先民的生活状态和原始的文化状态，也形成了母系氏族民俗和文化温情与动人的篇章。

① 贺兰山岩画是先民的充满神圣和神奇的艺术创作，也可能是最早形成的具象和意象的符号，这些符号在形体表达和结构勾画上已类似于古老文字的元素了，它们已经可以表达先人的生活情状和传达先民的思想情感。在一幅幅生动拙朴的岩画前，凝视着这些圆形的笔画浑朴的图形，我仿佛倾听到了一首首遥远的声色浑朴的歌谣，歌声在茫茫苍穹下飞越，在这些石面上聚集和扩散。**②** 那绝对是原生态的歌吟，或苍莽粗犷，或细腻委婉，把人类的心智、生存的艰涩、浪漫的向往，以及生命的情调统统唱进历史的宏阔中，唱进岁月的永恒里……

❶ 总结全文，指出贺兰山岩画的艺术价值和文化内涵，表达了作者对先人们勤劳智慧的赞扬之情。

❷ 结尾点题，突出了"歌吟"这一中心词，使文章浑然一体，余韵悠长。

162

延伸思考

1."它几乎草木不生的光裸岩体犹如一场空前的大火刚刚焚烧过、烤炙过一般"一句中，"几乎"一词有何作用？

_____

_____

2."岩画因为具有了这样的特质才显其可贵的艺术价值"一句中，"这样的特质"指什么？用自己的话回答。

_____

_____

3.关于贺兰山岩画，有人认为是外星人所为，作者是如何看待的？理由是什么？

_____

_____

大河长吟

所谓"长吟"，乃音调缓而长的吟咏，因此"大河长吟"既可以是赞歌，亦可为悲鸣。文章围绕黄河展开描述，用生动的文字展现了黄河从容舒缓、曲折多变、巨大落差三大主要特征，在每一个特征下又具体写了黄河的地理情况、相关的文化古迹和精神内涵，体现了黄河对中华民族一代又一代人的哺育之恩以及对中华文明形成的重要意义，表达了作者对黄河的赞美。但是，在文章的最后，作者又提出了毁灭与重生的哲学命题，似乎是黄河的悲鸣，令读者在敬畏黄河的同时，不得不深思该如何去对待黄河，如何保护其文化价值等问题。

多次行走在吕梁山西南端的起伏跌宕里，脚步匆忙地丈量着山峁山壑沟畔与河谷，一颗期待的心，还是盼望着，在某一处豁然开朗的地方，会猛然看到，一条大河、一条浑浑黄黄的大河，从容不迫地铺陈而来，悠然练达地涌动而去，平稳祥和、波澜不惊、宁静温婉、壮阔前行……这就是黄河。

她从世界屋脊起程，穿越重峦叠嶂，横跨河套平原，奔涌到草原拐角，直击深厚巍峨苍茫雄阔的黄土高原。①她以柔韧和毅力、激情和气概，如同一把巨大的犁铧，在高原犁出 700 多公里的大峡谷，此刻，她是从开阔河谷中舒展而来的，柔美温情，张弛有序……

阳光晴好的天气，在高处的山梁看去，穿行在晋陕大峡谷中的河流，扭动在一条又一条河湾里面。有清凉瑞气的氤氲，有两岸绿树的映衬，②河面如同洒下一层碎金，在蜿蜒起伏中，金光点点，波光粼粼，给人一种高亢和晕眩的辉煌感觉……傍晚，西天的火烧云在尽情地燃烧着吕梁山，给河面射来一道道一片片诗意的橘红，这时候，晚霞殷勤地弥散开来，把西天、把山岳、把大河，切割成层次分明的三个段落，这样的景致转瞬即逝，③河水带着晚霞的多情和暮色来临的暧昧，一头扎进夜行的寂寞和执着里……

如若走出沟口，所幸就逼近河岸边上，心，立刻被大河的风掀起来，扬起来，激越起来。不止一次遭际这样的情景，巨大的惊喜便如同倏然而至的河水让人猝不及防。先是一股浓郁的泥腥把人包裹，包裹得

❶ 采用比喻的修辞手法，把黄河比作一把巨大的犁铧，展现了黄河巨大的冲击力和不可阻挡的气势。

❷ 用一层碎金来形容河面，生动形象地展现了河面金黄、金光点点的景象，突出了黄河的颜色特点。

❸ 使用拟人的手法，写"晚霞的多情和暮色来临的暧昧"，生动地描绘了黄昏时分黄河的美景，增添了文章语言的诗意美。

好亲热好馨香，那可是大河的气息呀，野性、原始、浓烈。那气息里，有黄河的鱼虾气味，有黄土人家的烟火气味儿，有北方田野里小麦玉菱高粱谷子和山药蛋的气味儿，还有一路带来的永和的红枣、隰县的黄梨、大宁的西瓜、吉县的苹果还有乡宁的杏子等水果混合着的香甜气味儿……

❶ 从触觉描写，一个"凉"字衬托了静谧的气氛，体现了"我"宁静的心情。

①河水逼近时，还能感觉到一股凉气，春日是那种凛冽的凉，夏日是那种清爽的凉，秋日是那种瑟缩的凉……这种凉扑面而来，让人清醒一下，冷静一下，甚或打一个寒战。

河水逼近时，或者说一步一步走近河水的时候，会惊讶地发觉，那岸畔的水，居然是清澈的，看得见水下碎石的形状和颜色，有眼福的话，还可偶尔瞅见一尾鲤鱼的倏然跃动，完全颠覆了河水是泥浆、激溅是泥点的印象。掬起一捧来，能感受她的清新和湿润，还有水质的鲜活，完全没有流经了千里万里风尘仆仆的慵倦和疲惫。

❷ 采用双重否定，强调了黄河的包容源于她的从容舒缓，突出了该部分的主要内容，便于读者把握。

②不能不感动于黄河的包容，得从她的从容舒缓谈起。

且不说黄河的不择细流，以广博宏大的胸襟接纳了沿途的几十条河流和成千上万条溪流于一体，像一位慈爱祥和的母亲包容养育着儿女和晚辈。站立在晋西南的任何一处山头上，鸟瞰莽莽苍苍依傍晋陕大峡谷的沟壑丘陵山峁坡梁，感觉到它们的绵延不绝和浑然一体，是有序可依有条可循的。^① 而将这些大小山体有机交织起来、组合起来的，是大河这条滚动的黄线。是山野谨让着大河，还是大河依顺着山势，她如一条黄色的纽带把山们梁们串联起来了。当遭遇巍峨险峻坚硬无摧的山崖峭壁而无法穿越时，柔韧的河水会曲折迂回绕山而行，这样便冲击出一道道优美绝伦的河湾，^② 那真是融律动与沉静、雄浑与娴雅、狂野与韵致、粗粝与细微、紧凑与悠然于一体的自然之美与多元之美……

每一湾河水像每一湾湖泊，铜镜一般反射着幽幽的古铜光泽，汪泊着一条河流不可或缺的沉静与蕴藉。难道是大河经过长途的跋涉，有了困顿疲累之感，在吕梁山脚下宁静的山湾里作短暂的停顿以养精蓄锐吗？难道是一路呼啸奔涌翻山越岭的大河，在驶进峡谷山湾之后，要刻意地审视晋陕边界的风光，分享两岸独特的风物民俗吗？我觉得，大河在这幽静的湾地和大山的收缩地带要进行必要的思索和反省，在深邃地思考漫长历史和漫长路径的时候，她在过滤和沉淀些什么呢？

^③ 河湾两岸的岩石草木在倾听着大河的心声，凝重的土色高原在领悟着大河意图。岸边的一群汉子，

❶ 把黄河比作"滚动的黄线"，生动形象地突出了黄河奔腾绵长的特点。

❷ 连续使用五个相似的小短句，使句子一气呵成，具有强烈的节奏感和气势，突出了黄河自然之美与多元之美。

❸ 运用动静结合的方法，写岩石草木、土色高原等静物和人们的活动，描绘了一幅恬淡优美的黄河农作图景。

167

顶着一张张泥色的脸，是黄黄的日头烤过的，是泥样的河风熏过的，他们要收获黄灿灿的玉茭，要收割和他们肤色一样的麦子。告别了父辈划船拉纤的日子，他们肩负着依然是比船夫和纤夫同样沉重的生计，种树植果，外出打工，坡地稼穑，垒墙造屋，顶门立户，养儿育女……艰辛的日月锻造了他们隐忍的性情，如大河岸畔的一枚青石，一坯土崖，一丛灌木，一株杜梨，他们感受着大河的静默，也一点一点融进大河的思索。

在河面开阔的地界，两岸山崖土丘面对汹涌而至的河水仿佛识趣地朝后推移，留一片空旷的沟涧任大河悠然流淌，任黄河人家安心地居住。是的，这几乎成了某种自然造化和上苍安排，但凡水流平缓河谷宽阔的湾地，不远处的山谷和土崖的横截面下，便山菇一样点缀着一簇簇黄河村落。厚道的大河，慨慷地腾倒出这些肥沃的河地和平缓的山坡，让她的子民去耕耘耙耱，去春种秋收。^①傍黑的时候，在壮丽的夕阳晚照里，会看到村落的上空，三五缕青青蓝蓝的炊烟朝了空中升腾和缭绕，抒发着黄河人家生活的柔韧和生生不息。

大河对岸的山地坡岭彰显些许陕北土原的本色与特质，在土黄和草绿里，偶尔会看到三五只七八只羊群，有白有黑、山羊绵羊，只是牧羊者未必是昔日的

❶ 对夜幕降临时分的环境进行描写，营造了静谧的氛围，烘托了"我"愉悦舒缓的心情。

老汉，倒常常看得出是个青壮汉子或是中年婆姨，只是不会听到曾经悠然凄美的信天游了。① 拾进耳朵里的，是山风与河风的交融吹拂，是山石草木所生发的天籁，收入眼底里的，尽是一派山壑丘陵的深深黄黄，还有在深黄里不可小觑的那一抹新绿。那是近年来退耕还林后平添的绿色，花草树木在大河气息里努力营造着可人的生态。

① 写风的吹拂，以动衬静，突出了黄昏时分优美的景色，表达了"我"对黄河边新绿的喜爱之情。

是的，大河在这个时段里呈现了母亲的宽厚胸襟和无比慈祥的秉性，淡定从容、平缓含蓄。我看到河面上的每一道水波和每一处漩涡都是母亲沧桑脸庞上不经意浮起的一个个笑靥。在上游的奔流跌宕中她无疑疲惫了，必须在河湾里作一个短暂休整，也在为下游的某个险要处的急流冲刷作一个准备和铺陈。

② 内敛平稳，不急不躁，水势舒缓，波澜不惊，大河尽显温柔含蓄的一面。

② 用四个短语来形容黄河，突出了其温柔含蓄之美，表达了作者对黄河的赞美之情。

坐在土埂上的一侧，用心去倾听黄河，能捕捉到河水里挥发出一种声响，浑圆、湿润、神秘、奇妙，感觉是从地心传上来，又遭遇河水的。不完全是水与水的撞击，水与沙与石的摩擦后，又从河心里轰鸣而出的。这为滔滔大河水伴奏和送行的音响，它是从历史的深邃里迸溅出来的，千百年来或低沉或高亢地鸣响着，有时也呜咽着，不绝如缕，如泣如诉，淹没在一波一波一涌一涌的水流里。

离河湾稍近或稍远的村落，大多宁静得近于沉寂，<u>①从塬面朝坡底走下去在荒草与杂树之间，隐约着一条似路非路的淡白，这条淡白便写意地引领着人，到了一个村落。</u>

❶ 运用借代的手法，以"淡白"的色彩来借代荒草与杂树之间的小路，突出了这条小路若有若无、微微泛白的特点，具有极强的画面感。

通常意义的山村，无非是择了阳坡的某一段，当然是土质绵软又柔韧的土崖，齐齐地斩杀下去，杀出一个斜坡崖面来，掏挖出三孔五孔十孔八孔高低大小不等的窑洞。光景殷实的人家，会在土窑洞的外表用砖砌出一个门脸来，或用少量的瓦在土窑洞的上方延伸出一片遮雨的窑檐。多数人家就保持着土窑土门脸的样子，顶多是把门窗的隔断砌得靠里一些，不至于让雨水轻易飘进。这样的村落坡上坡下很难寻找到一块砖头一块瓦片，就连简易的门楼也由土坯垒就，外表涂抹一层厚厚的黄泥。<u>②这样，土黄的窑洞、土黄的门楼、土黄的场院里走动着肤色土黄的汉子，远处的大河水把这一切都融进土塬一样的深深黄黄里了。</u>

❷ 一句话连续用了四个"土黄"，将土窑的外貌特征展现得十分鲜明，说明土窑和整个黄土地融为一体，体现出一种宁静、自然、朴素之美。

河湾里却有着不一样的村落。

<u>③同样是靠近河岸，却显得卓尔不群，气势非凡。</u>那是紧靠河岸的石鼻子村。

脚下随处可见的老砖旧瓦在零星地诉说一些昔日的辉煌故事。

❸ 把河湾里的村落房屋和土窑进行比较，突出了河湾里居民房子的气派，起到了引出下文的作用。

在高兀的石鼻子上，能感受到一股气场，一种风水的玄妙，依山傍河，所依的吕梁山厚重巍峨，而西濒的大河水宽阔绵长，依稀可见的老君庙，以其道教灵光，作着无形护佑，而与山坡相连的山塬是石鼻子的得力扶持。视野开阔，阳气盛旺，村子上下一派绿树掩映，日光照射下来，又云雾缠绕，山水氤氲神奇秀丽。

首先是一座庞大古老院落的南端院墙，只有在童年记忆里平川地带大户人家的豪门大院四周的院墙才是这样的，高大、气派、庄严、别致。气势上让人肃然起敬畏之情。

高大侧墙的上方留有三个砖砌孔洞，中间为圆形，两边则是六边形，对称、美观。它们是昔日的窗户吗？
① 其作用首先是避免了高大砖墙的呆板单一，给一面墙体增添了美感和可视性；另一面解决了院里或屋里的采光难题，形而上与形而下，在这一面墙体上得到了初步统一。大厅前高高的拴马石依然在树丛间挺立着，拴马石上方穿绳绾结的石眼处，被昔日的绳索摩擦得细了许多。遥想当年这大门口，该是怎样的客来客往热闹非凡了。而气派又隽秀的门楼，容纳了山的雄浑和水的秀丽，门楼的格局以及门楼上的石雕砖雕木雕早已把二者融为一体了，远远的，就把大家气象传达给了人们。

❶ 用分类别的方式来解说高大侧墙的上方三个砖砌孔洞的作用，条理清晰，便于理解，同时也说明古老院落建筑具有实用性和美观性相统一的特点。

❶ 用 "是……还是……" 这一选择性疑问句式开启本段，起到了引人思考的效果，激发了读者探寻缘由的兴趣。

❷ 列举丰富的事例来说明"北方黄土高原上的宅院建筑，一向以大气、豪放、风格粗犷、格调凝重为主"的情况，便于读者了解，具有很强的说服力。

❸ 这句话的意思是黄河连接着众多的地区，让晋商们看到了商机，说明黄河为晋地人民带来福祉。

①是靠大河之水才得以有了逸秀的特色，还是这杜家在昔日走南闯北受到南方如苏杭建筑格局及雕饰图样秀美俏丽的影响？大门遮檐下一排排图案秀美工艺精到的砖雕图饰，自然联想到江南周庄的宅院，想到那些构思精妙，落刀细腻的木雕饰品来。北方黄土高原上的宅院建筑，一向以大气、豪放、风格粗犷、格调凝重为主，②如王家大院、乔家大院、丁村民居、李家大院、张家大院、师家沟民居等，它们大多有正厅、腰厅、厢房、观景楼、绣楼、牌坊、门楼、牌楼等，其整体结构规整严谨、美观大方，而眼前门楼上如此精妙细致的石刻砖雕，让人产生一种敬钦之情，便感叹三四百年前杜宅主人在大刀阔斧挥洒豪迈气概创立家业这部恢宏大书的同时，每每关注到这些不可或缺画龙点睛的细枝末节。

受依山而建的地理位置的限制吧，大门前的场地并不宽敞，就是这片场地上曾经叠印了几代主人匆忙的创业脚印，他们绝对是晋南吕梁山区黄河沿岸具有开放视野的晋商了。③在明末清初的那些年代，深居大山的他们却有黄河一样开阔的视野，已经把煤炭营销的目光投放在黄河上游的西部，其他省份以及山东、华北及华东一些地区了……故而，在这片叠印的足迹里，还有能说会道精明机智的每一档生意的中介者以及粗犷坦率的西部汉子和谨慎圆滑的南方客商。

这是一处山间民居的精妙奇观。

气派别致的六进院落伫立在大山坡上，又与山势浑然一体，民居景观气势宏伟，既洋溢着黄土高原的阳刚之气，挥洒着大河岸畔的浪涛之力，又富于近河临水的娟秀内涵，抒发着水陆畅通的开放情怀。

在最底层的宅院场地，场地高度距黄河水面仅一丈有余，一侧，有十几磴石台通往河水，此时石阶已被藓苔和草丝深深遮掩了。当年，这可是人们从这条石阶下河登船的唯一途径，也是外来洽谈煤炭生意的客商们从遥远的异地乘船到此停泊的地方。这里水域开阔，水流缓慢，是往来船只泊船的好地方，^①<u>宽阔的水湾如母亲的臂膀，把上百条船只如儿女一般揽进怀里，护在胸前。</u>

是宽容的大河，造就和繁华了这一方的地域文化。

尽管眼下败落残破，她雄奇的遗风依然在昭示着人们，依然在彰显着地域文化的个性。

大河流域的民居文化是被岁月的风雨驳蚀的，还是被时代变迁和转型政治的风暴吞噬的，许多气魄非凡才气卓越的贤达历经了商海和宦海的升降沉浮与奋力搏击，却不可能躲过腥风血雨的时局变换，浩大的政治风暴带来改朝换代，改变或毁灭了传统文化包括

❶ 运用比喻的修辞手法，把宽阔的水湾比作母亲的臂膀，船只比作儿女，既展现了船只停泊在水湾处宁静的场景，又突出了水湾和船只的紧密关系，间接体现黄河为人们提供了依靠的事实。

了伦理文化中最为优美的内涵，这种内涵与精华是千百年来一点一滴艰涩地积淀下来的，在它毁于一旦灭于一夕的时候，人们可怕地发现新的文化结构还远远未能构建起来，这就迷茫惶恐不知所措了……在人群的分流中，有的打探寻找，有的沉潜发掘，有的弃之不顾，有的则干脆沉沦堕落或成为祸害大河文明的一条恶鲨。

❶ 把黄河比作"老者"，既体现了黄河悠久的历史，又生动地展现了黄河的博大胸怀和包容性，表达了作者对黄河的敬畏和赞美之情。

①黄河水此时从容不迫地流淌着，她的含蓄和沉默正使她像岸边的一位老者，把满腔心事和一腔哀怨都赋予了这不动声色却也隐忍耐久的流淌中了。

见证荣辱兴衰的大河一路远去，她的低吟浅唱或喧啸浩歌难道不是她最生动的抒发和最壮美的表达吗！

不能不感动于黄河的神奇，这得先从她的曲折多变说起。

❷ 连续使用五个"是……"的句式形成排比，增强了气势和感染力，突出了黄河曲折多变的特点，令人惊叹。

在晋陕大峡谷的中段行走，②最让人感到神奇的是鸟瞰和远眺大河的那种视觉冲击，是蜿蜒逶迤千回百转的生动，是游龙飞舞盘旋多姿的逼真，是山河相拥协调共存的造化，是阴阳合抱大地运行的奥妙。山谷的弯道和河湾的图形，形成写意的太极阴阳鱼，意味深长，奥妙无穷。

永和段的乾坤湾把大河的湾道书写出了自然传奇和河湾极致。

在大河义无反顾的遥远流程中，她冲越过多少湾道已经数不可数了，或艰涩涌动或沉稳平缓或浩荡奔流或怒涛险浪，她历经过多少座山脉必定就穿越过多少道河湾，但像这样的群体湾道真让人难以想象——怎么就形成了一幅神奇神异的太极图了呢？是上苍的特意安排，还是大地的无意造化，抑或大河与山川的心领神会心照不宣？

①从乾坤湾里的伏羲村到吉州东侧的人祖山，从河湾小岛的老牛坎到柿子滩石崖前的上古岩画，从阴阳相随的大湾道四周的古迹遗痕到其下人祖山周围的七座北极庙，大河流域的湾道不仅仅冲击出奇妙的山川河湾图，还孕育出古老的文化和神秘的传说。在吉州人祖山采风的日子里，面对围绕大山的北极庙，忽然会想到乾坤湾里的伏羲村。在遥远的上古时代，我们的先祖，我们的一代又一代的部落酋长，我们的在灰暗的暧昧中探寻自然规律的上古精英和伏羲们，在大河的湾道旁千百次地伫立遐想，遥视苍穹苦苦思索，是神奇的河湾给他启迪，是富于灵气的河水给他智慧，从此，他赤裸的大脚，踩遍了这片土地上的山岳河岸，踩踏过多少无人涉足的山林荒地，他或他们立志要观天象、察地形、定阴阳、画八卦，探寻宇宙之谜，揭开日月四季运行规律。

❶ 连续使用三个"从……到……"的句式，把伏羲村、人祖山、老牛坎、上古岩画、大湾道古迹遗痕、北极庙等地点或遗迹连起来，展现了黄河曲折多变所带来的丰富多彩的古老文化，突出了黄河的神奇。

伏羲是一个名称，并不单指一个人，"羲"本指代太阳，通曦，还有顺着阳光的意思。伏羲名号所含之意是一代一代立竿以定农时的观日者，也就是以品类万物而作八卦的部落酋长。

我们的先民把目光投向浩瀚无垠的苍穹，并对其有了好奇与探求欲望的时候，是生产力有了长足发展，捕鱼捉虾有了一定技艺，物质生活有了一定保障的前提下，先人中的少数智者于大多数从事体力劳作的先人中分列开来，专心致志地从事他们所擅长的观测天象、八卦、历法的研究，他们是那个时代最早的劳心者。伏羲的英明就在于伏羲能最先认识到他们的资源和价值，并充分地利用他们的特长，^①这标志着远古文明又朝前迈进了一大步。

先天八卦产生于天文观测。一万年前，以人祖山为中心区域，当然也涵盖了晋陕大峡谷大河流域的曲折迂回的河湾和地形复杂的山地，各个部落的酋长和精英的专业人物们，日复一日地在河湾地带和代表性的山地上，不懈地观斗测日，以确定农时和四季。

^②因而，在晋西南的大河岸畔以及相关村落，处处有伏羲测日的传说，有伏羲女娲兄妹成婚且繁衍后代的演义流传，有他们教民结网从事渔猎畜牧的生动故事的代代流传。

❶ "这"指"伏羲"能最先认识到他们的资源和价值，并充分地利用。这句话的意思是远古的酋长或者智者们能够认识并充分利用现有的资源，才推进了文明的发展。

❷ 列举伏羲测日、伏羲女娲成婚繁衍后代、教民结网从事渔猎畜牧等传说，增添了文章的趣味性和传奇色彩，激发了读者的阅读兴趣。

伏羲氏在创立阴阳五行理念之后，道教确立了代表东南西北四个方位的天尊，谓之青龙、白虎、朱雀、玄武，神奇的是在我们的河湾周边地带都找到了对应的地域地名。当年伏羲等远古先人们所发明和使用的绳纹陶、网纹陶，都有遗物和遗痕，那个深深点缀在河湾深处从不被世人留意的伏羲村，在安详沉静地占据在黄河河湾的一个角落里，伴和着大河的阵阵涛声，一缕缕炊烟的袅袅升腾，在诉说着一个古老神话的真实，在执着延续着远古文化的烟火……

① 曾久久端详过柿子滩石崖前的女娲岩画，看这幅历经岁月风化而依然清晰的上古岩画。有学者论断，女娲头顶的七个圆点，就是北斗七星，这是远古人类观天测斗的真实写照。

从乾坤湾河道上的精美小岛，到柿子滩石崖上的特色岩画，从河湾小岛上老百姓口口相传的女娲娘娘炼石补天的优美石头，到柿子滩岩画上的丰富蕴含，无不表达着母亲河的神奇博大，也抒发着这条大河和远古人类及黄土文明源远流长的内在联系。从大河在晋西南这一段特殊流域里，我们看到新石器时代和夏商西周东周时期的多处遗址，还有古渡关口和古旧村落的旧貌遗风，② 神奇的大河在遗留下这样无数村落与古迹时，也留下了一处处让人怀想的古老文化，留

❶ 用柿子滩石崖前的女娲岩画中，女娲头顶有七个圆点的画面内容来证明远古人类具有观天测斗的行为，增强了文章的说服力。

❷ 小结，突出黄河沿途留下了不同时期丰富多彩的古老文化，彰显了黄河文明的丰厚底蕴以及珍贵的历史价值。

下了让人追思的遗迹和让人凭吊的历史……

大河，仅就晋西南晋陕大峡谷这一曲折多变的段落而言，她孕育的文明是悠久而具有影响力的文明，在人类早期的历法、天文、婚配、制陶、农耕、畜养等方面，是人类文明的先行者，她的悠远和神秘也带来她的变异和沉重，^① 这是我们绕不过的大弯道，是令人深刻反省反思的一道命题。

大河还在裹挟和左右文明的轨迹与河道吗？

还记得那首随了大河渐渐远去的歌谣吗：

你晓得——

天下黄河几十几道湾？

几十几道湾上，

几十几只船儿？

几十几只船上，

几十几根竿儿？

几十几道湾上，

几十几个艄公，

来把船儿扳。

我晓得——

天下黄河九十九道湾，

九十九道湾上，

❶ 这句话的意思是虽然黄河文化在逐渐消失，但历史遗迹的存在是人类不可回避的话题，无论如何人们都必须对黄河文化给予关注，并且反思相关的问题。

九十九只船，

九十九只船上，

九十九根竿儿，

九十九道湾上，

九十九个艄公，

来把船儿扳。

不能不感动于黄河的威严，得先从她的巨大落差写起。

在吕梁大山的千回百转中，在晋陕大峡谷一路统领下，黄河，在这时挥发了她的多重性能也展示了她的多元性格。神奇奥妙曲折多变的乾坤湾，平缓坦荡，浩渺波涌的芝麻滩，气浪滔天闷雷轰鸣的吉县壶口大瀑布，她一路浪赶浪波追波奔驰下来，河水给人的感觉是经历了狂放、暴戾、肆虐、桀骜不驯之后的成熟和疲累，深沉与老到。①<u>大河的宽容，大河的暴烈，大河的壮美，大河的剽悍，大河的豁达，大河的博大，这多重品性在晋西南段落表现得异彩纷呈，挥发得淋漓尽致。</u>

在视觉上最让人瞠目结舌，在感觉上也最激越人心的，自然是壶口瀑布了。

②可能是一种心理作用，在距离壶口还有十余里

① 连续用了六个相似的小短句，使句子一气呵成，具有极强的节奏感和音韵美，同时突出了黄河宽容、暴烈、壮美、剽悍、豁达、博大等多元化特点，给人留下了深刻的印象。

② 在写壶口瀑布的样子前，先写声音令人震慑，起到了先声夺人的效果，为突出壶口瀑布的磅礴壮美做铺垫。

179

的地方，耳边，似乎就隐约着闷雷般的轰鸣，是天边传递过来的，是地心生发出来的，也是心底里莫名滋生的……很奇怪的，几十次、上百次了，几乎都有这种感觉，临河情更切，心底先起浪。

是夹持大河的晋陕大峡谷从物理学的声学角度聚拢了大河涛声继而再集约式地扩散爆发吧，每次都是未见浪涛面，先闻大涛声。

无论多少次来到大壶口的跟前，都会被惊呆被震惊，①波涛如同大暴雨前的空中乌云一样，层层积累，前推后涌，争先恐后，万马奔腾，其惊天动地的磅礴气势，力撼身边吕梁，气吞对岸宜川。

大河是卷着千里朔风来的，原本平缓的河床一旦进入吉州的龙王辿一带，河谷有了高低突兀的悬殊，迅猛的水势骤然收拢，突跌倾泻入落差巨大的石槽里。你难以想象，②由三百多米的河床紧急缩小为五十余米，又疯狂蹿进一道仅三十米宽的石槽，顷刻之间，大河显露出威严雄壮的一面，巨浪翻跃，如雷喧啸，拍岸击石，挟雷裹电，腾空飞起，俯冲直下，雷霆万钧之势所向披靡，在声势浩大的轰鸣声响里，前呼后拥着跌进深渊……

那是四十余米深的石槽，跌落成壮观雄奇的瀑布，其形其势犹如从壶嘴里倾倒一般，人们形象地唤叫壶口。

① 将波涛比作大暴雨前的乌云，生动形象地展现了壶口瀑布波涛层叠、前推后涌的壮美景致，体现了"我"被震惊的心情。

② 采用列数字和短句架构的方式，用准确的数字、极具节奏感和气势的文字来展现河水在壶口瀑布俯冲跌宕令人震撼的景观，体现了语言的准确性和生动性。

跌进石槽的波涛奋力撞击着四周石壁，又激溅出数十米高的水花，而一头栽进槽底的水头又被巨大的落差形成的惯性反弹上来，这样，汹涌的浪涛在一狭小的天地里，搏击撕扯，排列组合，时而冲天而上，时而呼啸直下，震耳欲聋的怒吼不亚于苍天霹雳。远胜过巨龙的挣扎，浪涛在悬崖岩岸的凸凹顿挫里，大开大合，吞吐万象，貌似无序的混沌里又富于节奏的变化。黄色巨澜跌落，深潭狂涛飞腾，在稍纵即逝里神韵飞动，在千变万化中壮怀激烈。白雾笼罩壶口上空的时候，绮丽神奇的彩虹赫然跃上空中，壶口，便有了她美丽无比的层次感。

① 曾有人形象地比喻说，当壮阔的大河，猛收作缩成一束洪流而冲下河床深槽时，那是天上的吴刚在向地上的魔壶中倾倒浊酒。而飞逝的瀑布上绣着浪花波涛，那显然是织女的绸缎在罡风里从银河垂落。

这是诗人眼中的壶口，在笔下的诗意表达。

毫无疑问，壶口是雄壮的、粗犷的，炽烈的、狂放的、自信的、阳刚的、深厚的、勇猛的、豪迈的，任何语言和词汇都难以表达它的蕴含和姿态，难以诉说那七色彩虹所绽放的大河精魂和绚烂的生命意韵。

此时，站立在奔腾不息的壶口浪涛一侧，我却读出了大河的纠结和痛苦。

❶ 引用吴刚用魔壶倒酒和织女的绸缎垂落于银河的传说，既增添了趣味性，又说明像壶口瀑布这样的景观是鬼斧神工，非人力所能造就的。

❶ 列举人们熟悉的黄河的象征意义，生动形象地说明了"我们赋予大河包括壶口的意义过于沉重了"这一现实，引发读者思考。

❷ 长句的使用将黄河从发源地流向大海，从古代流到今天，时空叠加，使文章内容丰富，具有极强的画面感，突出了黄河源远流长的历史和博大的胸怀。

多少年来，我们赋予大河包括壶口的意义过于沉重了，①诸如"龙的精神、雄狮的觉醒、不屈不挠的民族意志的体现、自强不息、奋发图强的力量象征、巨龙飞腾和炎黄子孙的图腾……"云云。我不否认面对汹涌的大河和奔腾的壶口每人都有不同的理解和意象性的升华，不否认在不同的历史阶段和非常时期赋予大河和壶口厚重有加的政治意义和政治使命。我的意思是但愿这种理解和认识不要过于功利化、生硬化和机械化，不要让负载着沉重的历史沉疴和文化承担的大河再一如既往地沉重下去。同世界上同样著名的江河一样，孕育一方文明和塑造一个民族的性格是每一条大河职责甚或是她的义务，何况是一条源远流长的母亲河。②她从巴颜喀拉山脉北麓的冰峰雪山中发源而出，从远古流到今日，从高原盆地的清澈透明，向着遥远的蔚蓝色海洋，带着遒劲的青藏高原的粗粝之风，依傍大漠，容纳千川，穿越万岭，掠过黄土高原的苍凉混浊，一路朝前奔去，在内蒙古托克托河口，遭遇绵延的吕梁，转身南下，气势汹涌地犁开浑厚腼腆的黄土，呼啸而下，与浑黄苍莽的黄土高原缠绕于一体。大河与土原的有机交融，才成就了这一方颇富特质的黄土文明。大河是需要调节和整合的，这种调节是依靠大河本身的力量去完成的，而整合则往往要外来之力和外在条件……这个条件在晋陕大峡谷的吉县龙王辿一带遇到了。大河等来了能帮助她大起大落粉碎之后又迅速聚拢的壶口地段。对于深邃悠长的大河，巨大的地势落差无异于一次惊心动魄的捶打冶炼浴火重生，是气度恢宏的重新组合，是境界高远的脱胎换骨，是底蕴深厚的自我审视，是山崩地裂的反思反省——在历经呼啸山摇，惊神泣鬼，千钧锻造，暴虐撕扯，掀腾跌落，天鼓轰鸣、地火喷射之后，大河气舒神畅柔顺娴静了。

我想，大河壶口的巨浪捶碎，是大河在试图改变自己的格局，她把痛苦的自我批判和历史反思交于前所未有的喧嚣与捶打，交于悲壮的放任不羁的自我毁灭和自我重生中，①与其说这是一次冒险的牺牲之旅，不如说是有跌落就有升华的灵魂救赎……

大河难道不需要反思和批判吗？反思一个民族的苦难与缺失，批判在漫长的旅程中和悠久岁月里一次又一次的泛滥与祸患，她在拷问自己为什么在艰难孕育和缔造文明的同时，也曾肆虐地毁灭着文明……

②大河的威严在于她的敢于自我毁灭之后的奋力重生。

在大河岸畔，在依然铺天盖地飞流直下的壶口岩石边上，很自然地想起了大禹治水的远古传说，想起

❶ 巧妙地利用关联词"与其……不如……"来连接句子，突出了黄河跌落是灵魂的升华，使文章更具哲学韵味。

❷ "敢于自我毁灭之后的奋力重生"既表达了作者对黄河的敬畏之情，又为黄河的遭遇感到心酸，意在呼吁人们保护黄河，维护生态和远古人类文化遗迹。

女娲氏如何率领部落族人，如何告别暴戾无常的大河岸边，奔赴东侧的人祖大山……

大河毕竟是睿智的，她知道罩在头顶的七彩光环是虚幻的一瞬也是虚荣的粉饰，尽管光彩夺目，亮丽神奇。大河必须抛弃这彩虹的绚烂，带着粉碎与新生的一河浑黄、一河希望和一河蕴含，越过河津，在古老的风陵渡急转东去，向着开阔的入海口壮丽地奔流。

延伸思考

1. 将文章的标题"大河长吟"改成"黄河长吟"好不好，为什么？

_____

_____

2. "从此，他赤裸的大脚，踩遍了这片土地上的山岳河岸，踩踏过多少无人涉足的山林荒地……"句子中的"他"指谁？对黄河文化有怎样的作用？谈谈你的理解。

_____

_____

3. 文章的环境描写十分出色，有利于主题的表达，请结合文本内容简要赏析。

_____

_____

乌啼的杏子

名师导读

　　本文是一篇语言幽默风趣，但含义深刻，具有批判性意义的散文。作者在文中以"张姓老男人"自居，描绘了自己到乌啼村看到杏树，忍不住品尝杏儿的过程，并且借物喻人，用塬上杏儿来象征塬上人民的纯朴善良，用平川地区的杏儿不再香甜来批判污浊的社会风气，起到了针砭时弊的效果。

---

　　① 这样的季节来到大宁土塬上，最美妙的事情便是吃杏子了。

　　塬是典型的晋西南土塬。从川道或是沟坡里，沿了那条斜仄仄灰色的路，车子颠簸着、起伏着，拐过几道深深浅浅的嵝子，穿越探伸到路当间的荆条和蒿草，车子在攀爬和蠕动着，遇到长陡的坡，也在倾力奋争、叫嚣着前行……

❶ 开门见山，开篇直奔主题。

大约上到了土塬的腰身处，只见小路两边的灌木郁郁葱葱，茂密一片。许多叫不出名字的山树繁杂地交织在一起，异常亲密的样子。

山野就是这样，只要雨水勤快，许多该长和不该长的树木花草便傻愣愣地可劲地蹿，收也收拢不住，大有遮天蔽日的样子，车里一时昏暗起来。

①仅仅是雨水的殷勤吗？多年前的黄土高原不也一样承受着上苍的眷顾和旱魔的袭扰吗，土塬一如往昔地固守着如和尚脑袋一样的荒凉和光秃，莫说乔木、灌木，连卑微的蒿草野苗也难得一见，在沟坡的背阴处草棵居然也少得可怜，放眼望去，山峁坡梁，浑黄一片，秃黄一片……

❶ 将土塬比作"和尚脑袋"，既幽默风趣，又生动形象，展现了土塬过去的光秃秃的样子，同时和眼前的情景形成了鲜明的对比，突出了退耕还林措施所取得的良好效果。

不能不感叹十余年的退耕还林和种草播绿，不能不折服绿色发展的深刻变革和生态修复、生态完善的环境意识，敬畏山川河流，大自然便会给予我们丰厚的回报，从循序渐进到多元化和全方位……

②正叹着，眼前倏忽间开朗起来，透过云层穿越浓荫的一颗塬上太阳，如同夏日的雨水冲洗过的调皮娃儿一样，笑着跳着鲜亮亮地同我们见面，用热烈的情绪感染着初登土塬的客人。塬上的风，对张姓男人却是另一种礼遇，缓缓地吹着，清清凉凉的，犹如塬上山姑用她柔软清凉的双手在深情抚摸。

❷ 把土塬的太阳比作调皮的娃儿，体现了"我"经过浓荫后再次见到太阳的愉悦心情。

　　没登临晋西南大土塬的人，是无法想象土塬的平坦与开阔的，那是一种居高临下的开阔，是一种刚刚摆脱了山沟峡谷的逼仄与压抑之后，忽然的别有洞天和豁然开朗，给你神清气爽和高瞻远瞩的感觉。

　　那种感觉是从视觉到精神的美妙。

　　更美妙的是塬上的树。

　　① 干旱的土塬原本是缺少树木的，仅有的也是塬上最常见的几个树种，如枣树、椿树、杨树、柳树，当然，还有农人们最喜爱的桃树和杏树。有树，也非常稀疏，走多远了，才能看到一株半棵的在村口的老墙边或田间地头，就那么孤单单的一棵，枯枯地站着，傻傻地立着，像村里娶不起婆娘的单身汉，酸溜溜地想着什么，瞅着什么……这些年，塬上的树渐渐多了起来，常常是成簇成团儿成片的甚或成林的，很像崖畔的酸枣藤一样一蓬又一蓬的，又如同人丁兴旺的大家族四世五世同堂生活，把土塬装扮得碧绿葱郁，清风掠过，整个塬面都有绿色的滚动，一波一涌，起伏有致。

　　② 这几年，塬上的树种多得让人数也数不过来，走近了细辨，有古老的榛树、楸树、国槐、刺槐、桐树、榆树、桑树，还有后来才知道的栋树，至于柏树、松树、柳树，各种类型的杨树在路边地垄上处处挺立。几乎每个村子每个寨子都有一棵属于本村的镇村神树，通

❶ 以"枣树、椿树、杨树、柳树、桃树、杏树"为例，有力地说明了在过去塬上的树都是一些生命力顽强的树。

❷ 列举各种各样的树木，与之前只有几种最常见的树形成了鲜明的对比，突出了塬上生态环境得到改善，体现了作者欣慰的心情。

常是苍老的柏树、柳树和古槐，它们一般都几百上千年岁了，在晋西南土塬大风的吹拂下，树身树皮都粗糙得不成样子，有的干脆皮开肉绽，皲裂成山石的外表，像土塬长寿老汉的一张风雨沧桑的脸。它们成了一种象征的标识，也是塬上人家的精神依托和逢年过节的膜拜"神物"。看着树身、树腰和青枝旧权上的红绸红布，便知晓许愿还愿人们的不绝如缕和敬畏有加。

当然还有被视作经济树的花椒树、皂荚树和大片的核桃树。

张姓男人则是冲着果树们走去的——桃树、枣树、苹果树、梨树……当然，在这个刚刚收割过麦子之后的季节里，男人义无反顾地走向那两棵一大一小挂满了果实的杏树。

似乎早就闻到了杏子特有的香甜气味儿。

❶ 解释麦黄杏儿名字由来，突出杏儿和麦子的紧密关系，同时丰富了文章内容，拓展了读者的见闻。

① 在平阳的川地里，这个季节的杏儿该叫麦黄杏儿的，那是小麦成熟到收割之后的整整一个多月间成熟发黄泛红的杏儿。

塬上近年是不种小麦了，过去也种得极少，便没有把麦黄与杏黄联系起来。无聊的张姓男人既要吃杏子，还要进行名堂的界定和廓清，这是吃杏儿前一个理论上的明白。

首先走近的是那棵低矮的小杏树。身材矮却长在一处地垄上，便显出了不亢不卑的姿态，碧绿的杏叶儿小巧圆润，正彰显着杏树的年轻和活力。①生产的活力主要表现在挂满树枝树杈的杏子上，如繁星一样缀满了杏树的天空，那些绿得泛油的叶子任是何等的茂密也遮掩不了杏子的容光，露出脸儿来，蹿出脑袋来，把接受阳光最多的亮丽一面展露给人看。

舍不得用力地摇动树枝儿，更不可以粗暴地脚蹬树身，尽管那样会把成熟的杏子摇下来、震下来，张姓男人还是不可以那样做。不是悲悯心的深沉，是看到了杏树下早已铺了一层黄澄澄的杏子，那是成熟后的自然落果，也是被塬上风刮下来的即将成熟的杏儿。在土塬干净的黄绵土上，或在比自己早几天落下的杏叶儿上，它们静静待着，红着，黄着，散发着香甜，静默里在等待着宿命的安排。

也有多情的蚂蚁光顾过，大的、小的、黑的、黄的，爬着，嗅一嗅，大约觉得不属于自己的吃食，又跑开了去……

落杏儿们终于等来了一只手，黑黑黄黄、细细长长的杏树杈子一般，那是一个老男人的右手，或者说是一只类人猿的爪子。②轻轻地爱抚地捏了一枚，呼——地凑到嘴边吹口气，那是下意识地吹一下，其实杏子干净无比，啪——的一下，整个杏儿扔进大嘴

❶ 运用比喻的修辞手法，将满树的杏子比作繁星，生动形象地表达了作者对杏子的赞美与喜爱。

❷ 作者运用一系列动作描写和细节描写，将吃杏子的过程描绘得生动形象，且细致入微，表现出杏子的美味。

189

里了，忙碌的舌头和牙齿便协调着、调动着、运作着，先排出硬硬的杏核儿，便没了后顾之忧，杏子的肉、杏子的皮、杏子的汁汁液液，便一起滋润阔大的嘴巴。

哪是嘴巴的润泽哟，是对身心的犒劳和抚慰。起先，是一般杏子的香甜味在口中弥漫；接着，麦子的醇香味和土塬清甜气息便在口中滋生，清爽、甜美、纯净……

①张姓老男人有了微醉的感觉，有了晕迷的感觉，有了不知所措的感觉。下意识里的贪吃和占有使他右爪子也探下去，急切地捡拾，急切地往嘴巴里填充，全没有了平时里装出来的文化人斯文模样儿。是的，男人已被杏子征服了，占有了，俘虏了，索性抛开伪君子的做作，露出老吃货的本来做派。

随行的小贺笑了，他是塬上长大的青年，他也是见证着杏树们一年年丰获和一年年歉收的人。

清纯如杏树的小贺不让张姓老男人在一棵树下吃多，他把他引到了另一棵粗大的杏树下。

②哦呀呀，如果说刚才那棵年轻的小杏树是个小媳妇的话，那这棵粗大的杏树便是土塬上资深的婶娘了，婶娘辈儿的大杏树结下的杏子果然不同凡响。抬起脑袋仰起脸子朝上一瞭，哈，满树吊着的是鸡蛋大的果实。

高高大大的小贺探手一摘，七颗八颗的月白一样

❶ "张姓老男人"指作者自己，"贪吃""爪子""伪君子"等词都是自黑式的描述，增添了文章的幽默色彩，突出了"我"开朗的性格特点。

❷ 采用对比和比喻的手法，通过"资深的婶娘"这一形象的比喻，突出了这棵树比刚刚那棵树的外形更加高大、苍老，为写这棵树上的杏儿味道更好做铺垫。

色泽的杏子到了他的手里。

就权且叫它月白杏儿吧。

小贺说，你先吃一颗吧，和先前那种绝对不一样的味道。

好硕大的一枚！

① 好奇地咬进一大半儿，首先是一种绵，一种面，一种沙，一种甜中的醇厚和醇厚中的香馨，男人立刻想起大宁的西瓜、大宁的甜瓜、大宁的红薯和大宁的脆枣儿，还有不被更多人认识的大宁的苹果。这枚硕大的杏子居然把本地域的众多水果的甘甜与香泽吸收了进来……让人的感觉和思维都能延伸一下拓展一下，联想到塬上人的本色：本分、厚道、仁慈、质朴，还有包容……

张姓男人仿佛一下回到了儿时和少年时吃杏的感觉，那是特定年龄段和特定岁月的滋味。虽说有过苦涩的童年和苍凉的少年，但月白杏儿的香甜让他打上了记忆的烙印，体会到实实在在的生活里还有甜美动人的一面……

这样的感觉中断了许多年。

② 平阳川地的杏子原本也是香甜的，当然这种香甜不可与塬上相比。从气候讲，山地塬上的昼夜温差促成了杏子的清甜；塬上土质的肥厚，原生态土质的

❶ 从味觉描写杏儿的滋味，并且采用联想的方式，将杏儿与大宁的西瓜、甜瓜、红薯、脆枣儿、苹果等联系在一起，突出月白杏儿的甘甜、香泽和独特。

❷ 把平阳川地的杏子味道与山地塬上的杏子味道进行比较，指出前者不如后者香甜，为接下来的分析做铺垫。

固守使杏子质地浓厚，肉质醇美；塬上的冬雪春雨夏阳秋风又使杏子清纯甘甜，清澈清冽……平阳川地没有大的温差，土质屡受农药化肥污染，雾霾与酸雨常常浸润，还有催熟剂、催化剂的使用，在一点一点改变着杏子的品质……这是直接或间接性的缘由。更多是社会性的，俗语云，天上星多月不亮，地上人多事不平。世俗的风，熏染着杏树；人性的恶，氤氲着杏树……作为这一切见证和目睹的杏子，还会甜美如初吗，还会醇香如昨吗……香甜在一点点褪却的时候，苦、涩、酸、木便一点点袭来……

① 人心都不古了，杏子还会甜吗？

是塬上的杏子唤回张姓老男人的记忆；是乌啼村的杏子找回张姓老男人的感觉。

哦，塬上这个村落怎么会叫乌啼村呢，他困惑。

文联李老师事后说，大宁有一种说法：② 古时曾有一只凤凰飞来，在东塬一个村子落下来，见村口是棵大槐树，凤凰不愿栖居就飞走了。飞到南边的塬头，在空中绕了三匝，见村口仍是大槐树，大声啼叫三回，又向西飞去，飞到了西塬，见到了一个村里有棵梧桐树，便高兴地落在了梧桐树上并居住下来。古代凤也叫乌，大宁东塬有乌落村，南塬有乌啼村，西塬有凤落村。

张姓老男人想，如果他是那只凤凰，就选择落在

❶ 采用反问的手法，突出强调了人心不古导致了杏子不甜，起到了引人深思的效果。

❷ 插入乌啼村名字由来的传说，丰富了文章内容，增添了趣味性，激发了读者的阅读兴趣。

这几棵杏树上。

乌啼村的缘由对张姓老男人并不重要，重要的是他得早些思谋着，明年到晋西南的土塬上，到乌啼村多住些时日，多吃些杏子……

延伸思考

1. 月白杏儿象征着什么？

_____

_____

2. 为什么平川地区的杏儿不如塬上杏儿香甜？从文中找出答案，并分条概括。

_____

_____

3. 品读"张姓老男人想，如果他是那只凤凰，就选择落在这几棵杏树上"一句话，你认为"张姓老男人"为什么会选择落在杏树上？

_____

_____

旷古磬声

上古时期，尧的臣子质创作了《大章》这一舞乐，他模仿山林溪谷中的声音作曲，用敲击石磬、陶罐等乐器来伴奏，配以百兽之舞来营造盛大的场面，以此歌颂尧的盛德或者祭祀先祖、神灵。本文便是围绕质创作《大章》的过程展开描述的，为读者展现了质对音乐执着而纯粹的追求，表达了作者对质的敬佩和赞美之情。

质不停息地行走在高山与大河之间。

当上古的山风掀起质的那一头飘逸的长发时，质的一张有些泛白也略带忧郁的清癯的长条脸被日光暴晒着。质喜爱日光、喜好一个人孤孤地在山巅或河畔行走。听、看、思。常常仰起头来，用脸庞去迎接呼啸的山风。

❶ 对质的两只耳朵进行特写，突出了其外貌特点，同时为后文质用耳朵去倾听大自然的各种声音做铺垫。

① 质有两只硕大的耳朵，但它们常常被他的及肩长发遮掩着，使常人难以看得到。质用他的大耳在仔

细地倾听着大自然的风声、涛声，天籁之声！

现实生活中，我多次被披肩长发的音乐家们的超人气质与潇洒风度所感染，我不知道他们是否清楚，那是从四千七百年前的祖宗质那里承袭而来的，比起有些矫揉造作的当代音乐家，上古时期的质才是真正的大自然、大洒脱、大风度，我怀疑他们仿制的仅仅是质的外表与举动，质的实质性的精神他们望尘莫及。有如这漫长遥远的四千余年的历史阻隔一样。

质是上古时代第一个音乐家。

①在尧天舜日的和合时代，他用艰苦的探索和生命的悟性，完成了大章的旷世之作。

质神经质地抖动着嘴唇，看得出，他的厚重的双唇是随着天然中发出的某种音响的节奏而抖动着。质的身心里充满了宇宙的罡音，一切都经过了最原始最古老的排列组合，撞击磕碰而过滤成音乐般的音响。

看着山下滔滔而去的大河，忧郁从质的脸上一片一片地揭去，浪涛仿佛流入了质的胸腔，有一种欲望，一种汹涌的欲望冲击着、激荡着质。

②质在击打着石片，远处有一群群飞鸟在树木的枝头随着石片的乐声而翩飞起舞；质在吹奏嫩绿的树叶，身下的鱼似乎在朝着这独特的声音游移过来。

质在烧冶陶罐的简陋的窑洞里，和先民一起经历

❶ 总领全文，引出下文，为质创作《大章》的过程做铺垫。

❷ 作者写飞鸟翩飞起舞、游鱼游移过来，从侧面突出质敲打石片和吹奏树叶的声音非常美妙，增添了一种活泼的情趣。

了陶罐从捏制到冶炼的全过程。他将大小不一的陶罐们排列在一起，单个敲击，又紧凑快速地击打成列的陶罐，"编罐"古朴雄浑的交响令人忆起先民们艰难跋涉的情状。

奏完一曲的质，对着苍茫的大地，对着眼下的大河，喃喃自语道：① 自炎帝黄帝以来，朱襄氏时正有士达作五弦之瑟，以束阴气，以定群生，此后有葛天氏之乐，三人操牛尾投足以歌八阕；炎时代，鼓乐正具规模，炎帝乃命刑夭作扶犁之乐，制丰年之咏；制雅琴，度瑶瑟，以保合大而闲民欲；黄帝令伶伦作律台，人校正乐律之音而铸十二钟，以和五音，作乐曰咸池；颛顼好音，令正龙作效八凤之音，命之曰《承云》；帝喾时垂作鼙鼓钟磬，苍管埙、命咸黑作为《声歌》……

质缓缓行走在大河岸畔一处相对平静的河湾。宽阔的河岸和悠然的流水使人的心域变得明朗开阔起来。

远处，有笨重厚实的木船划过，也有轻快小巧的扁舟漂来。先民们分别在船上投下竹篓，少顷，再收起竹篓。篓中是活蹦乱跳的鱼虾，还有缓缓爬行的大鳖。

捕获之后的笑声随着大河平缓的流动声渐渐远去了。而在河岸的田畴上，是在收割庄禾的人群，成群成伙或一个两个地点缀在田禾之间。

田畴里也荡来舒心的爽笑。

❶ 质的自言自语一方面概括了上古时期的音乐情况，另一方面突出了他对音乐发展状况十分关注，具有社会责任感。

一缕喜悦之色爬上质的有几分神经质的脸。① 他想：圣尧顺从自然之道，广大道德，使如流水之长远，又如宇宙之浩阔。不同礼仪用不同之乐，对诸侯中孝德明盛，教化尊严，治绩卓著，五谷丰登者，随其功德的优劣赐舞，君德盛，不滥用民力，民劳逸均，则赏舞乐……轻松舒心的笑声，是从心底流淌出来的鲜活之水；歌呢，则是从心底唱吟出来的滔滔语音；而诗歌呢，则是表达心灵深处的感情和人们更为复杂的思想情怀的。五声，不就是依所吟唱之节而制定的吗？而六律又是和谐五声的。八类乐器的声音能够调和了，不使之紊乱了次序，那么，神和人皆会因之而和谐一起了……

音乐为灵的声音……

质在一点点体悟着，在以前许多个稼穑的日子里，每当听到山间潺潺流泻的泉吟之声，质便觉得那涓涓细流仿佛注入他的心中，心中的诸多烦闷之事，一同被洗涤而去，清爽宜人，干净利落，其洁雅愉悦，不可名状；在山间当空而或树木之上，偶尔有山鸟啾啾、布谷鸣和，质便伫立田畴，侧耳听之，神怡之情油然而生。②胸中块垒也荡然无存，心域之内，如同盛开一朵饱满的玫瑰，无拘无束，花瓣舒展。质更觉浑身上下，通畅无比。后来，质舍弃了家园，为了寻找音乐

❶ 运用心理描写，表面上在写质的心理活动，实则突出了音乐对社会秩序、政治稳定的重要作用，为最后质作《大章》埋下伏笔。

❷ 运用类比，用"盛开一朵饱满的玫瑰"来类比质的心情，化抽象为具体，生动形象地展现了质听到大自然各种动听声音后美妙的心情。

197

❶ 描写质与山川树木、大地融为一体的心灵境界，体现了质对世间万物美妙声音由衷的喜爱和面对音乐时内心的宁静、澄澈。

❷ 质在身心疲惫的情况下看到了阴霾，听到了各种凄凉的声音，这样的体会恰好为他创作出意境丰富，富有变化的音乐奠定了基础。

的自然神圣而一人在高山和大河间穿行，在上古时代，开始了他的流浪生涯。① 流浪途中，质在劳顿和困乏时常仰卧于山巅岩石之上，眼观浩渺天宇，耳听天籁，灵魂与山川树木自然地融于一体了。苍天为父，大地为母，质那时感到自己是天地之子了……劳顿之感全无，疲累之色顿消，而一颗游移之心也得到了前所未有的充实。

质觉得天籁发乎于大地而游乎于天宇，在他的心灵之壁上久久徘徊，不绝如缕，这并非心之音，而是神之韵……

②在漫漫的流浪岁月和无尽的身心跋涉中，质也感到了阴霾缠绵之烦，倾听着寒山猿鸣的凄号，目睹着蟒蛇瑟瑟的阴冷和秋叶飘零的悲凉，一股股忧烦自丹田而生，愁闷和对人生的茫然之感就从心头涌起……

质非常惊讶，这许许多多的未加雕饰的自然之音，于人之情愫，于人之魂魄，居然有深深的触动。是的，是天高地阔的大自然，令质茅塞顿开。凡人间音乐，无不源于自然之音响、天籁之绝唱的。反回来，又是心之泉水响，灵之琴弦鸣，而应和着这天籁之妙。质想，他甘愿敲击着石磬，使大地上许多有灵性的兽类能依着他的音乐的节奏而起舞翩翩……

①河水清兮，映我倩兮；

河水清兮，净我葛衣；

河水清兮，日夜不息；

河水清兮，流往哪里？

❶ 采用上古诗词的风格来写质吟唱的歌谣，使之具有古风古韵，增强了文章音韵美和故事的真实性。

质吟唱出这样清丽自然并略带忧郁情调的上古歌谣，这正符合年轻时代质的性格特质，是行云、流水，也是心泉的流泻。在浪迹多年走近了尧舜之后，质的心境有所变异，他的吟唱沉重了起来，并负担了一份应有的载体——

元化油油兮，

孰知其然？

至德汩汩兮，

顺之以先。

元化渥渥兮，

孰知其然？

至道浃浃兮，

由之以全。

②质的最壮丽的人生乐章是他完成了上古时代的强音《大章》，那是心血的咏唱和生命的交响。质把他

❷ 这句话对质创作的《大章》进行了高度评价，突出了质的伟大成就，表达了作者对质和《大章》的赞颂。

五十年的人生阅历和生命磨难倾泻在《大章》里，而《大章》的恢宏和价值则表现在对一个非常时代的多元表达和深刻反映。这就具有了宽泛的社会意义，而并非一吐作者个人的胸中块垒，当然还有它的苍古豪壮的艺术风格。

质因为《大章》而存在，质不是一般意义上的艺术家。

历史已经渐渐淡远了，离了我们的视野，一种声音却未曾消失，那旷古磬声依然不绝如缕地回响在我们的耳畔。

延伸思考

1. 文章开头为什么要写有些矫揉造作的当代音乐家？

_____

_____

2. "质神经质地抖动着嘴唇，看得出，他的厚重的双唇是随着天然中发出的某种音响的节奏而抖动着。"这句话运用了什么描写手法？有何表达效果？

_____

_____

3. 文章最后一个自然段，在文章中有何作用？请简要品析。

_____

_____

★参考答案★

第一辑　青铜的光泽

【青铜的光泽】

1. 开阔艺术视野，进行技术改造和技术革新；形象传神鲜活，技法变化多样，形成新一轮的审美风范；青铜铸造的生产程序规格化、高效化、明细化、精确化，在芯上施加纹理，形成晋国新田铜器的独有特色。

解析： 本题考查内容概括题。文中⑤—⑧段，写的是第二代匠人们为青铜铸造的发展作出的努力。根据第⑥段可知，开阔艺术视野，进行技术改造和技术革新；根据第⑦段可知，形象传神鲜活，技法变化多样，形成新一轮的审美风范；根据第⑧段可知，青铜铸造的生产程序规格化、高效化、明细化、精确化，在芯上施加纹理，形成晋国新田铜器的独有特色。

2. 运用了排比的修辞，列举出"饕餮、夔龙、践蛇、啖蛇、凤鸟"这一系列神话动物形态各异，栩栩如生，加强了语势，增强了文章的气势，把神话动物的主要特点描绘得淋漓尽致，让读者眼前出现一幅幅生动的画面，体现出了铸铜巨匠的手艺精湛、技艺纯熟。

解析： 本题考查句子赏析题。词语运用的角度包括语言特色、修辞手法、语体色彩、句式等。作答此题，要从句子本身出发，画线句子生动地描写出了各种神话动物的形象特点。"一只只，一个个，一条条，一头头"运用了排比的修辞，用量词列举出"饕餮、夔龙、践蛇、啖蛇、凤鸟"这一系列神话动物，加强了语势，增强了文章的气势；"暴怒不已，张牙舞爪，瞋目裂眦，活灵活现"用四字词语形象地概括出神话动物的形态各异、栩栩如生；"腾跃的身躯，舞动的翎羽，闪亮的利齿，铿锵的利爪，暴烈的双目，伸探的巨舌"把神话动物的主要特点描绘得淋漓尽致，让读者眼前出现这样一幅幅生动的画面，体现出了铸铜巨匠的手艺精湛、技艺纯熟。

3. 张老健是一位吃苦耐劳、细心钻研、踏实勤恳、有责任感、有创新精神、享有盛誉的铸铜巨匠。张老健从底层一点一滴做起，细心，边干边观察边琢磨，可见他的吃苦耐劳、细心钻研；他在作坊一步一个脚印成为如今的铸铜巨匠，几十年如一日的勤恳和踏实、思谋与创新，赢得了信任和敬钦，赢得了这个高端行当的声誉和威望，可见他的踏实勤恳、享有盛誉；他接过师傅手中的重任，谋求更高更远的企求和作为，可见他的责任感；从他带领师弟们出去学习、采风，不断钻研铸铜技术可知，他是一个有创新精神的人。

解析：本题考查人物形象题。根据"张老健在同他儿子张小健一样年轻的时候，是这个大作坊的搬运工，也是吃苦最多，酬劳最少的一族"可知，张老健是一个吃苦耐劳的人；根据"张老健心细，他是那种边干边观察边琢磨的有心人"可知，张老健是一个细心钻研的人；根据"张老健是在作坊的天地里一步一步走过来的，他与他的师弟高老德、郭老林、董老民、韩老峰一样，靠着几十年如一日的勤恳和踏实，思谋与创新，赢得了这千十号铸铜人的信任和敬钦，赢得了这个高端行当的声誉和威望""他还要召集他的几个师弟，再细细商讨如何在以后的青铜艺术品的创造中进一步突出新一轮的写实理念的勃发，因为他看出人们在又一个时段的审美需求和生活需要了"可知，张老健是一个踏实勤恳、有创新精神、享有盛誉、值得别人信任和敬佩的人；根据"作为大弟子的张老健责无旁贷地接过了师傅手中的那根铜杵，挑起恩师刚刚放下的担子。他心里清楚，他是踩着一代巨匠的肩膀上的，他必须得有恩师更高更远的企求和作为"可知，张老健是一个有责任感，知道感恩的人。

4. 我赞同小鸣的看法。"青铜的光泽"不仅体现了张老健一生心血的付出，还体现了其他匠人的努力，更体现了青铜铸造业作为传统技艺的一种传承，每一代手工匠人都为之奋斗过，每一代人都为其铸造添就了新的光泽，所以原题目"青铜的光泽"更好。

解析：本题考查标题的作用。解答此题，要先说明自己的观点，然后进行分析。"匠人张老健"这个标题只写出了张老健作为一个手艺人的一生，没有提到青铜技艺的继承与创新，也没有体现出其他铸铜匠人的辛苦付出，而"青铜的光泽"不仅体现了张老健一生心血的付出，还体现了其他匠人的努力，不仅体现出了张老健一个人的进步与创新，更体现了青铜铸造业作为传统技艺的一种传承，每一代手工匠人都为之奋斗过，每一代人都为其铸造添就了新的光泽，所以"青铜的光泽"这个题目更好。

【难忘李家坡】

1. "曹家庄学校的那顿便饭一直让我回味无穷"的原因：一方面是"我"经过长途跋涉，饥饿交加，所以觉得炒白菜特别好吃；另一方面是这里条件艰苦，曹校长却用白菜炒肉来款待"我"，让"我"感到非常温暖和感动，品味到了当地人的朴实、善良和热情。

2.示例：乡亲们善良纯朴、热情厚道；"我"聪明能干、积极乐观、勇敢坚强。

3.（1）"居然"表示出乎意料，说明对于一直被人排斥的"我"而言，能够受到别人的尊重是出乎意料的事，使读者更理解"我"当时激动而惊喜的心情。

（2）"安"字写得非常传神，生动形象地展现了这个孩子的虚弱无力，给人留下了深刻的印象。

【忧郁的月牙泉】

1.①月牙泉底有潜流涌动，有源头活水，因而千百年来不曾干涸，其水流处于循环交替状态；②泉四周沙山高耸，山之形状也随了泉水形成月牙之状；③奇特地形致使吹进这个环山洼里的风沙会自然上旋，把泉水四周的流沙又刮到四面山坡，正基于这种地形运动，使沙山和泉水保持着融洽又对立的生存状态，山以灵而故鸣，水以神而益秀。

2.①沙暴侵袭和沙化加速；②宏观的水资源奇缺和冰川萎缩；③微观的绿洲锐减和湿地蜕化；④可怕的生态恶化和沙进人退。

3.（1）"伫立着，静静地、深情地、仰慕地、爱恋地、久久地"等连续性短语，使句子一气呵成，极具节奏感和感染力，充分展现了"我"第一次见到月牙泉时的心情，表达了对月牙泉的惊叹、喜爱和赞美之情。

（2）采用拟人的手法，使月牙泉人格化，生动形象地写出了月牙泉面对人为破坏、面积不断缩小的现状，表达了作者对月牙泉的悲悯和对其未来的担忧之情。

【绿色摇曳中的生命颖悟】

1.①婴孩时期和成年都要留"鬃鬃"发型，这是一棵树的造型；②婴儿出生、男子成年和亲人去世都会专门种上一棵树；③人去世后，用一段树干来装殓死者，并将树棺埋进地里，使人回归自然。

2."写意"本指艺术家刻意忽视艺术形象的表面的逼真性，而主要体现事物精神内涵的艺术创作手法，这里用来形容鬃鬃发型，说明这种发型的重点不是与树的相似度，而是代表着人们对树的崇拜。

3.这段话采用了镜头特写的方式，写芭沙老者去世时的神情，并且将其与出生时的那棵树相联系，把镜头定格在生命之树上，说明一个人的生命虽然结束了，但却给大山留下了永远的绿色。这棵树也象征着芭沙人生命的价值，代表着他曾经在这里生存过、奋斗过，这是多么有意义的事。

【荒野探寻】

1.示例："哎——，皆是我放勋的无能……"

分析：采用内心独白的方式，揭示尧帝内心世界活动，便于读者直接了解他的苦恼，突出他心系天下的情怀，使人物形象更加丰满，有血有肉。

2.鸟儿热晕从天上掉下来的情节，有力地突出了天气之热，烘托了尧帝惊人的意志力。

3."执着而癫狂"说明此时此刻的尧帝，眼里只有眼前的泥土，全身心地投入挖掘水源的过程，达到了忘我的境界。

第二辑 北方的庄稼汉

【北方的庄稼汉（节选）】

1. 季节的变换象征着庄稼汉们不同的人生历程；以季节的变换来写庄稼汉，突出了不同人生阶段中的庄稼汉们的不同形象特征（性格特点）；以季节变换为线索，使文章思路清晰，层次分明。

解析：此题考查时间顺序写作的作用。"季节变化"常常与人生阶段相联系，春天代表朝气蓬勃的童年，夏天代表精力旺盛的青壮年，秋天代表成熟稳重的中年，而冬天代表精神不济的老年。因此品读文章时，首先看看季节变化与文章主人公（这里是北方庄稼汉）的人生阶段有无联系，其次是季节变化贯穿全文，因此也是文章的线索，对思路稍加整理，便可得出答案。

2. ①画线句子把各种具有代表性的画面叠加在一起，内容丰富，具有强烈的画面感，突出了北方庄稼汉们劳动的繁忙艰辛。②这组长句语言流畅，富有气势，节奏感强，具有独特的形式美。

解析：本题考查长句的表达效果。首先要知道什么是长句，什么是短句。长句是由较多的词语组合在一起形成的，其结构比较复杂；短句是词语少，结构简单的句子。长句多用修辞，内部意象关系紧密，不但能够增强文章的画面感，而且能够形成连贯的语意，给人以磅礴的气势，因此具有形式美，同时能够彰显作者的文采。按照这个思路，结合句子内容即可作答。

3. 这段话蕴含了作者对北方庄稼汉的丰富情感：

①庄稼汉们虽历经苦难和辛酸，仍恪守蕴含着勤劳和智慧的黄土文化，作者对此充满了敬佩和赞美；②庄稼汉们被变革的大潮刺

激得痛苦不安、亢奋浮躁，失去了心理的稳定和平衡，作者对此感到惋惜（无奈）和忧虑；③庄稼汉们在阵痛中完成了庄严的洗礼和神圣的嬗变，作者对此感到欣慰，并表达了美好的祝愿。

解析：此题考查学生的情感概括能力。题干中明确指出"最后一段"，因此要仔细品读最后一段，进行分析和概括情感，就能完成此题。最后一段总共四个句子，找出句子中包含感情色彩的词句，提炼出情感即可。第一句中的"尧舜禹淳厚遗风""勤劳与智慧"等词句体现了作者的赞美之情；第二句中的"刺激得痛苦不安，亢奋和急躁了""诺言和心理失却了固有的稳定和平衡"体现的是作者对其的忧虑和无奈心情；而第三句中的"阵痛中进行一次庄严的洗礼和神圣的嬗变""太阳"等词句体现的是欣慰与祝愿情感。

【婆娘们】

1. 示例：比喻句"婆娘们那张张耐风吹耐日晒耐雨淋耐霜打的黑红脸子如麦苗一样活泛泛有了生机有了明艳有了娇媚"这句话把婆娘们的黑红脸子比作了活泛泛的麦苗。写出了婆娘们在春天这个充满生机的季节，对生活寄予了无限的希望。

2. 散文结尾中"婆娘们，这方土地上的婆娘们"一句写出了作者对山西婆娘的赞美之情，再次深化了主旨。

3. 散文围绕婆娘们写了她们由娇羞的姑娘成为勤劳的妇女；写了婆娘们艰难的生产过程；写了婆娘们在家庭中的任劳任怨；写了在新时代下到城里实现人生价值，体现了作者对婆娘们的赞美之情。

【历山耕夫】

1."历山耕夫"指的是舜,他是一个勤劳、善于思考、与时俱进、审时度势,且具有仁爱之心的人。

2.(1)环境描写和人物描写相结合,突出了人与环境的融合,描绘了一幅静谧美好的农耕图,突出了"耕夫"的勤劳、朴实形象。

(2)"窃喜"本是贬义词,多用来形容干了坏事或者看到别人出糗时偷偷高兴的心情,这里用来形容舜用小小柳条鞭打簸箕来代替鞭打牛儿时的愉悦心情,体现了舜的仁爱之心。

3.示例:读了文章,我认为舜是一个非常聪明善良的人,他能够用鞭打簸箕来代替鞭笞牛儿的方法,让我十分触动。生活中,我们也要做一个善良的人,并且多动脑筋,用巧妙的办法解决困难。(言之成理即可)

【隐者节操】

1.圣尧为了找到贤明的人接替自己的天子之位,所以上山寻访隐士。我认为,他是一个礼贤下士、求贤若渴、谦虚有耐心、心系天下的明君。

2.选择一位隐士,谈谈其形象特点,言之成理即可。

3.这段话起到了总结全文的作用,突出了隐士们个性不同,志向有别,但都具有淡泊名利的高洁情操,表达了作者对隐士们的赞美和敬仰之情。

【在喀纳斯村听图瓦人吹楚儿】

1.示例:写年轻人有音乐才华,但却不能吹奏楚儿,是为了衬托中年人吹奏楚儿的技艺高超，更能表达作者对传统音乐人的敬佩之情。

2.（1）"唯一"在这里表示强调，突出了喀纳斯的独特地位，为后文担忧图瓦人和喀纳斯文明前途的情怀做铺垫。

（2）"风化"本指地表的坚硬岩石、矿物在大气、水、生物等作用下产生物理或化学变化，形成松散堆积物的过程，这里指图瓦民族的传统文化遭受现代文明的影响逐渐改变，甚至消失的过程，体现了作者对此的无奈和惋惜之情。

3.①现有的图瓦人执着寻根的韵味；②图瓦人沿袭多年的古老习俗和多样性的图腾崇拜；③图瓦人的忧郁、困惑、阵痛和生命的柔韧。

第三辑　阳光切入麦穗

【水　井】

1.第二段说"让村落生动的，是那两眼相距并不遥远的水井"，生动形象地突出了水井对村落的重要性。作用有：设置悬念，激发读者好奇心；总领全文，引出下文；为下文具体写与水井有关的事做铺垫。

2.运用了列数字、摹状貌和作诠释三种说明方法，生动形象地说明了水井的外形和内部结构，"三尺余"这一数字体现了语言的准确性，而"极粗""老麻皮""铁链"等词说明人们根据生活的经验，找到结实耐用的材料，突出了水井在人们生活中的重要地位。

3.运用了比喻的修辞手法，把水井比作眼睛，既突出了水井的清澈特点，又突出了它在人们生活中的重要性，体现了爷爷等老一辈人对水井的珍视之情。

4."甜水井"的水是做饭用的，人吃；"苦水井"的水是洗衣洗脸洗菜熬猪食拌鸡食用的，当然有时候也会浇灌浇灌院落里的菜畦和初栽的小树。

【阳光切入麦穗】

1."闪闪烁烁"写出奶奶的白发在阳光照射下的样子，"希冀"是希望的意思，六月是小麦收获的季节，"我"和奶奶可以趁这时候多拾些麦穗补贴家用。

2.奶奶是一个勤劳朴实、遇事不慌、沉着冷静、乐于助人的农村妇女的形象。

【耙　地】

1.因为马和骡子在耙地时，非常自觉自律自尊，人们在用马和骡子耙地时非常轻松。

2.疤脸儿用各种残忍的方式刺激秃尾巴驴儿往穿着红红绿绿衣服的妇女们跟前跑，好让自己一饱眼福。驴儿在被反复刺激，经历无数次这样的事情后，形成了一看到穿着红红绿绿衣服的妇女们就疯狂跑过去的特殊行为。这就是文中的"条件反射"。

3."你"在这里指耙地者，这句话运用反问的手法，突出了耙地者不忍心鞭打骡子们的情况，表达了作者对骡子们的赞美和喜爱之情。

【犁　地】

1."田野的风徐徐地吹着，掠起一伙儿犁地少年的散乱的头发和不周正的衣衫，飘飘荡荡的衣衫就成了那时候田野里一面面灰色的旗帜。"这段环境描写描绘了一幅悠然和谐的画面，衬托出小青年们犁地时的快乐心情。

2. "我们刚刚学会了驾驭和使唤牲口，并不知道在往后漫长的岁月里，还要学会被别人驾驭抑或也要学会驾驭别人，这也是服从与领导的一种辩证。"这段话写出一种辩证关系，每个人在人生中，既会驾驭别人，也会被别人驾驭，那么在不同的位置就要做不同的事情，只有这样，社会才能达到和谐。

3. "双眼瞪得响铃一般又圆又大"，把老牛的双眼比作响铃，生动形象地写出了老牛在上坡过程中用力拉车的样子，赞美了老牛那股不服输的精神。

【牧 羊】

1. 这是一篇叙事散文，围绕"牧羊"这个核心事件，记叙了我跟三叔在山坡上放羊、跟三叔学抢铲砸物、给羊群洗澡、带领羊群爬卧山地等事，写出了我对那段生活的怀念。

2. "天快亮时，露水落下来，使地气结成的白水，湿湿地浸在草上，地皮上，人的脚面上，有时，就凝成了白白的霜，像一层咸涩的盐，像一层早来的雪。"这段自然环境描写，既交代了天快亮时露水凝成了霜，落得到处都是，又照应了上文叔叔得老寒腿的原因。

3. "夕阳坐在西山头，把一层薄薄的橘红抹在沟梁上。"运用拟人的修辞手法，"坐"和"抹"生动形象地写出了夕阳落山满沟梁的霞光，同时含蓄地写出"我"和三叔从中午忙到了傍晚。

第四辑　旷古磬声

【槐根之吟】

1.①老槐根象征着默默无闻，无私奉献的人；②老槐根象征着无私呵护儿女的父母；③老槐根象征充满包容心、善良慈祥的老者；④老槐根象征着人们的寻根情结。

2.不能。因为陈述句表示陈述事实，"树根向往地表上的日子"显然是作者的猜测，并非事实，改成陈述句不够准确；再者，用疑问的方式能够为读者提供思考的空间，更能引起读者的关注和情感共鸣。

3.示例：文中老槐树具有很多象征意义，其中最让我触动的是它象征着无私呵护儿女的父母，这让我想起了我的父母，生活着的父母们总是这样，他们默默付出，不求回报，只希望孩子们能够健康快乐地成长，作为儿女，我们应该多理解父母，懂得感恩父母，把自己的事情做好，不让父母操心。

【石头的歌吟】

1."几乎"是差不多的意思，这里表示限定程度，即光裸的岩体差不多都是秃的，但依旧有极少的草木，并不是全部光秃秃的，体现了文章语言的准确性和严谨性。

2."这样的特质"指的是先民们在无望的境地中拥有追求的精神。

3.作者认为贺兰山的岩画创作者是贺兰山人。因为这些岩画的内容体现了贺兰山远古民俗和文化，是贺兰山人把古代的象征和原始的生命状态随意结合的经典作品。

【大河长吟】

1. 示例：不好，因为"黄河"只是地理上的名字，不及"大河"更能体现其水域宽广、水量丰富、历史悠久、胸怀博大和对中华民族影响大等特点。

2. "他"是生活在黄河流域远古的酋长或者智者，这些人通过自己的杰出才能，去发现并且充分利用各种资源，促进文明的发展，对黄河文化产生了推动作用。

3.①自然环境描写，作者从听觉、视觉、触觉等角度去描写黄河多个地方的草木石头、土色平原，夕阳、晚霞等，或营造了静谧的氛围或渲染黄河的雄浑壮美，具有极强的画面感，展现了黄河的柔美与磅礴等多元化美。

②社会环境描写，作者对黄河周边的村庄里人们的房屋、农作物、岩画等进行描写，体现了黄河沿途丰富多彩的居民文化，突出了黄河对中华民族繁衍生息和文明发展的重要意义。

【乌啼的杏子】

1. 月白杏象征着塬上人的本色：本分、厚道、仁慈、质朴，还有包容精神。

2.①山地塬上的昼夜温差大；②塬上土质肥厚；③塬上冬雪、春雨、夏阳、秋风的浸染；④平阳川地的土质受农药、化肥污染；⑤平阳川地的杏树被不良的社会风气浸染。

3. 一方面是因为"张姓老男人"本身爱吃杏儿；另一方面是山地塬上象征着塬上人的朴实善良，体现了作者对世风日下的社会的厌倦之情。

【旷古磬声】

1.文章开头写矫揉造作的当代音乐家是为了反衬出质才是真正的大自然、大洒脱、大风度，突出质对音乐执着、纯粹的热爱与追求。

2.运用了细节描写，对质嘴唇抖动这一细节进行描写，突出了质听到大自然某种音响时会不自觉地跟着吟唱，体现了质对音乐由衷而纯粹的爱。

3.结尾点题，突出了质的"旷古磬声"在我国乃至世界音乐方面的深远影响，营造了"余音绕梁"的韵味，令读者回味无穷。

― 中高考热点作家 ―

中考热点作家

序　号	作　者	作　品
1	蒋建伟	水墨色的麦浪
2	刘成章	安塞腰鼓
3	彭　程	招　手
4	秦　岭	从时光里归来
5	沈俊峰	让时光朴素
6	杜卫东	明天不封阳台
7	王若冰	山水课
8	杨文丰	自然课堂——科学视角与绿色之美
9	张行健	阳光切入麦穗
10	张庆和	峭壁上，那棵酸枣树

高考热点作家

序　号	作　者	作　品
1	王剑冰	绝版的周庄
2	高亚平	躲在季节里的村庄
3	乔忠延	春色第一枝
4	王必胜	写好你心中的风景
5	薛林荣	西魏的微笑
6	杨海蒂	北面山河
7	杨献平	人生如梦，有爱同行
8	朱　鸿	辋川尚静

—